수학 영재들
지구를 지켜라!

글쓴이 김성수

남해의 아주 작은 섬에서 자라 나룻배를 타고 초등학교와 중학교를 다닌 선생님은 목포교육대학을 졸업했습니다. 오랫동안 초등학교에서 학생들을 가르치면서 아이들이 수학 문제를 풀면서 원리나 규칙을 찾았을 때 기뻐하는 모습을 보고 수학동화를 쓰게 되었습니다. 이렇게 지은 수학동화로는 《피타고라스 구출작전》《탈레스 박사와 수학 영재들의 미로게임》《플라톤 삼각형의 비밀》이 있습니다.

그린이 윤지회

세련된 화면 구성과 뛰어난 색채 감각을 인정받으며 〈몽이는 잠꾸러기〉로 제5회 서울동화일러스트레이션 우수상을 받았고 제1회 한국안데르센상 공모전에서는 특별상을 받았습니다. 그린 작품으로는 《구름의 왕국 알람사하바》《우리 가족이야》《나는 누구일까요?》《뻥가맨》 등이 있습니다.

교과연계	
3-1 수학	3. 평면도형 5. 평면도형의 이동
3-2 수학	8. 규칙 찾기와 문제 해결
4-1 수학	7. 소수 8. 규칙 찾기
4-2 수학	5. 평면도형의 둘레와 넓이
5-1 수학	7. 평면도형의 넓이
6-2 수학	8. 문제 푸는 방법 찾기

수학 영재들 지구를 지켜라!

김성수 글 | 윤지회 그림

주니어김영사

차례

수상한 사람들	9
충격적인 진실	16
펏 슈트와 오메가 슈트	33
보이지 않는 돔	47
클라우드 교수의 수학 시간	54
임무를 위한 힘든 훈련	60
복제된 무리의 음모	67
공식을 찾아라!	77
돔의 숨겨진 비밀	87
오메가 슈트의 놀라운 기능	94
TMT에 오르다	112

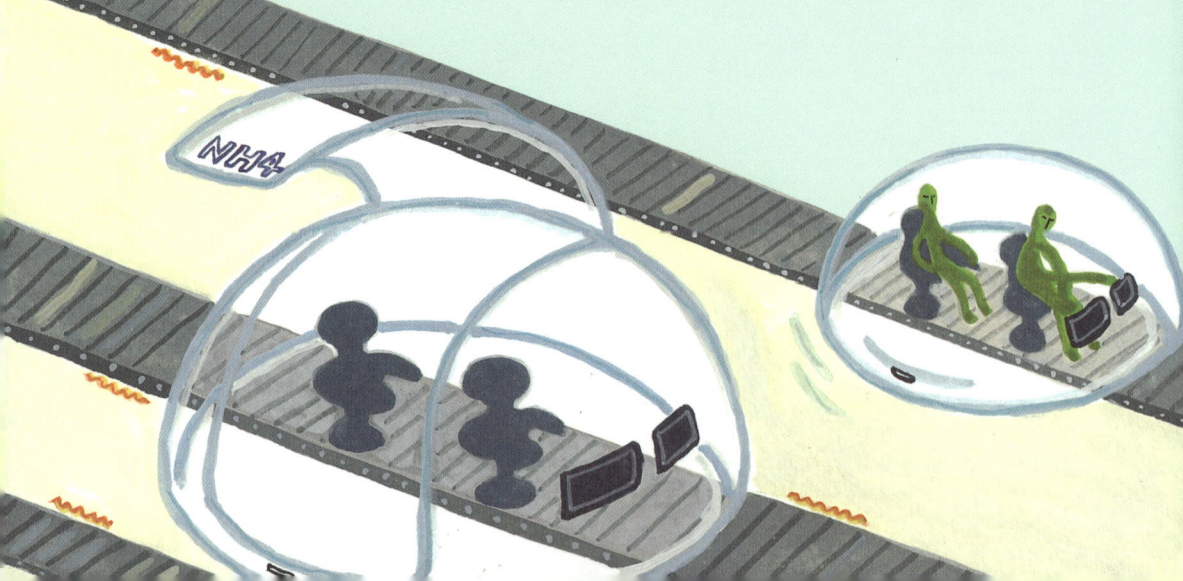

이모틀 엠파이어의 본거지	118
베르너 교수를 만나다	129
'고향의 봄'의 주인공	141
지하 세상의 식량	157
수학을 즐겨라!	171
이모틀 킹이 판 함정	183
위험에 빠진 아이들	199
아수라장으로 변한 이모틀 엠파이어	209
무사히 돌아오다	227
다시 나타난 이모틀 킹	237

작가의 말

수학을 마음껏 즐기고 배워라!

사람이 지진을 일으키고 태풍을 만들 수 있다면 어떨까요? 대기 중에서 전기를 얼마든지 가져다 쓸 수 있다면 세상은 어떻게 변할까요?

이런 일들을 연구하여 실제로 가능하게 한 사람이 있었습니다. 그는 바로 니콜라 테슬라입니다. 테슬라는 1931년 자동차를 개조하고 연료 대신 전기를 사용하여 시속 145킬로미터로 달리는 데 성공했습니다. 우리나라 국립과천과학관에는 테슬라 코일이 있는데 이것 역시 그가 발명한 것으로 낮은 전압을 높은 전압으로 변환시켜 번갯불처럼 전선 없이 불을 밝히는 장치입니다. 테슬라는 이 외에도 많은 것을 연구했지만 자신이 연구한 것을 실제 생활에 적용하지 못하고 1943년에 세상을 떠났습니다.

이 이야기 속에서 테슬라는 나쁜 무리들한테 복제되어 여러 나라에 지진과 태풍을 일으키는 일을 돕습니다. 그들의 목적은 모든 사람의 머릿속에 마인드 컨트롤 칩을 삽입하여 자신들의 뜻대로 조종하는 것입니다. 이 음모를 막기 위해 공격해 보지만 돔을 둘러싼 테슬라의 방어막을 뚫지 못합니다. 결국 미국 대통령 클린스는 고심 끝에 TMT라는 순간 이동 장치를 이용하여 적의 본거지로 들어가려 합니다. 그런데 TMT는 설계 당시 탑승자로 인식된 혜지, 세민, 주철, 홍주만이 탑승할 수 있지요. 결국 네 명의 아이들은 특수한 훈련을 받은 다음 적의 기지에 침투합니다.

복제된 무리들은 자신들의 지능적 발달을 위해 수학 문제를 비밀의 열쇠로 사용합니다. 아이들이 임무를 수행하고 위험을 피해 이동할 때마다 수학 문제가 나타나지요. 이때 문을 열기 위해 문제를 풀면서 수학에 숨겨진 원리와 규칙을 알게 되고, 임무를 수행하면서 우정과 용기, 그리고 인내와 도전 정신을 배우게 됩니다.

여러분도 네 명의 아이들을 따라 사하라 사막 지하의 복제된 무리의 본거지에 들어가 보세요. 아이들과 함께 수학 문제도 풀어 보고요. 문제를 푸는 동안 수학적 사고력과 논리력이 커질 거예요. 문제가 잘 풀릴 때는 '아자!' 하고 크게 외치세요. 외치는 동안 수학에 대한 흥미를 찾고 어려운 문제에 도전하고 싶을 테니까요. 또 이 책을 읽는 동안 잘 알려지지 않았던 천재 과학자 테슬라에 대해서도 알게 될 것입니다.

김성수

수상한 사람들

"속보입니다. G20 정상 회의가 열리고 있는 해밀턴 아일랜드에 강력한 지진과 해일이 발생했습니다. 현재 긴급 대피령이 내려졌지만 섬 전체가 위험한 상황입니다. G20 정상 회의는 예상보다 일찍 끝나 각국의 정상들은 안전하게 대피……."

"엄마! 저기, 저기 좀 보세요!"

혜지가 텔레비전을 보다가 놀라 소리쳤다.

거대한 파도가 방파제를 넘더니 순식간에 건물과 사람들을 삼켜 버렸다. 강 교수와 혜지는 아무 말도 하지 못하고 텔레비전만 멍하니 바라보았다.

"세상에! 이번에도 미리 예측을 못 한 모양이네."

강 교수가 말했다.

현장에 나가 있는 기자는 떨리는 목소리로 상황을 계속 보도했다.

"기상청 발표에 따르면 해일이 발생하기 44분 전, 알 수 없는 전파와 지구의 자기장 변화가 감지되었다고 합니다. 하지만 해일이 일어날 만한 상황은 아니었다고 발표했습니다. 이번 해일은……."

"지난 그리스 지진 때도 그러더니 이번에 또……."

강 교수가 이상하다는 듯이 중얼거리고 있을 때 혜지가 말했다.

"엄마! 그러고 보니 지난번 미국, 그때도 그랬잖아요!"

몇 주 전 미국 샌디에이고에서 폭풍이 일어났을 때도 기상청이 해일을 예측하지 못해 엄청난 피해가 있었다. 환경 보호 단체와 과학자들은 지구의 온난화 때문이라고 떠들어 댔다.

다음 날 혜지는 학교 수업이 끝나자마자 강 교수가 있는 대학 연구실로 향했다. 요새 들어 학생들의 실종 사건이 늘어나면서 강 교수는 혜지에게 수업이 끝나면 곧장 연구실로 오라고 했다.

대학 정문에 들어서자, 늘 혜지를 반겨 주던 수위 할아버지는 보이지 않고 검정 양복을 입은 낯선 남자들이 서 있었다. 남자들 중 한 명이 혜지에게 다가왔다.

"혹시 네가 양영욱 교수님의 딸 혜지니?"

긴장한 혜지가 머뭇거리자 남자가 다시 물었다.

"부모님이 이 대학 교수 맞지?"

"네, 그런데요……."

혜지가 말끝을 흐리면서 뒷걸음쳤다.

남자가 혜지를 똑바로 쳐다보면서 무전기에 대고 말했다.

"여긴 선구자, 목표물 도착! 철수하라!"

혜지는 덜컥 겁이 나 주위를 살폈다. 오늘따라 학생들도 없고, 학교는 텅 비어 있었다. 혜지는 두려운 마음을 억누르고 엄마의 연구실 쪽으로 쏜살같이 달렸다. 혜지의 갑작스러운 행동에 놀란 남자가 혜지를 쫓아오며 소리쳤다.

"교수님은 아침에 미국으로 떠나셨어!"

혜지는 그 자리에 우뚝 멈추었다.

"그럴 리가 없어요! 오늘 아침, 엄마가 수업 끝나면 연구실로 오라고 하셨어요. 근데 학교에 왜 사람이 한 명도 없는 거죠?"

혜지는 가슴이 콩닥콩닥 뛰었지만 당당하게 물었다.

"교내 식당 음식을 먹고 단체로 이질성 바이러스에 걸렸어. 그래서 임시 휴교 중이야."

혜지는 남자의 말을 믿을 수가 없었다. 이 상황에서 벗어날 방법을 고민해 봐도 좋은 수가 떠오르지 않았다. 마침 휴대 전화는 배터리가 다 되어 전화를 걸 수도 없었다. 하지만 혜지는 주머니에서 휴대 전화를 꺼내며 말했다.

"아저씨 말이 사실인지 엄마한테 전화해 볼 거예요."

그러자 남자도 휴대 전화를 꺼내더니 어디론가 전화를 걸었다. 혜지는 전화를 거는 척하며 남자가 무슨 말을 하는지 귀를 기울였다.

잠시 뒤 남자는 전화를 끊고 혜지에게 다정하게 말했다.

"조금 있으면 엄마한테 전화가 올 거야. 일단 강의실에 가서 기다리는 게 어떠니?"

"싫어요! 전 집에 갈 거예요. 절 막으면 소리 지를 거예요."

혜지의 말에 남자는 난감한 표정을 지었다.

얼마 전 아빠가 행방불명된 뒤 엄마는 쫓기는 사람처럼 불안해했다. 늘 주위를 살피고, 커튼 사이로 아파트 주차장을 내려다보았다. 어쩌면 이 사람들 때문인지도 몰랐다.

그때 남자의 휴대 전화가 울렸다. 남자는 몇 마디 한 뒤 혜지에게 휴대 전화를 건넸다.

"받아 봐, 엄마야."

혜지가 의심스러운 눈초리로 휴대 전화를 받아 들었다.

"혜지야!"

휴대 전화를 통해 들려오는 소리는 분명 엄마의 목소리였다.

"엄마! 거기 어디세요?"

"엄마 말 잘 들어. 지금 엄만 중요한 일 때문에 비행기로 미국에 가는 중이야. 많이 놀랐지? 너한테 연락 못 하고 와서 미안해."

"언제 오시는데요?"

"되도록 빨리 돌아갈게."

"그럼 주철이 불러서 함께 있어도 돼요?"

"그렇게 하렴."

혜지는 엄마가 걱정되었지만 낯선 남자들이 위험하지 않다는 생각에 안도의 한숨을 내쉬었다.

충격적인 진실

오늘 아침, 강은혜 교수는 여느 때처럼 출근을 하려고 주차장으로 걸어가고 있었다. 그때 강 교수의 신변 보호를 맡고 있던 김 형사가 낯선 남자들과 함께 강 교수에게 다가왔다. 강 교수는 남편인 양영욱 교수가 행방불명된 뒤부터 누군가 자신을 미행하는 것 같아 경찰에 신변 보호를 요청했다.

"교수님, 이 사람들을 따라가십시오. 매우 중요한 일입니다."

강 교수는 검정 양복을 입은 두 남자를 보았다. 그들은 강 교수에게 미정보국 신분증을 보여 주며 당장 미국으로 가 줄 것을 부탁했다. 강 교수는 혹시 남편의 소식을 알 수 있지는 않을까 기대하며 남자들이 안내하는 차에 올랐다.

미국에서 강 교수를 기다리는 사람은 뜻밖에도 미국 대통령 클린스였다.

"정말 죄송합니다. 비밀리에 진행되는 일이라 이렇게 무례한 방법으로 모시게 되었습니다."

"그럼, 이제껏 저를 감시했던 사람들이 미정보국 요원들이었나요?"

클린스 대통령이 가볍게 고개를 끄덕였다.

"교수님을 보호하기 위해서였는데 오히려 불안하게 만든 모양입니다."

"전 그런 줄도 모르고……."

강 교수가 말끝을 흐리며 주위를 살폈다.

"그런데 이곳은 어딘가요? 대통령께서 왜 이런 곳에 계시는 거죠?"

"그냥 클린스라고 부르세요. 이곳은 비밀 장소입니다. 교수님의 안전을 위해 이곳으로 모셨습니다."

강 교수가 가볍게 고개를 끄덕였다.

잠시 어색한 침묵이 흐른 뒤 클린스가 조심스럽게 입을 열었다.

"교수님을 이곳으로 모신 것은 전 세계에 일어나고 있는 좋지 않은 사건들 때문입니다. 샌디에이고 폭풍, 해밀턴 아일랜드의 해일과 학생들의 납치, 그리고 양영욱 교수님을 비롯한 유명한 과학자와 수학자들의 행방불명. 이 모든 것이 이모틀 엠파이어라는 조직에서 꾸민 짓입니다."

"네? 제 남편이…… 남편이 납치당했다고요?"

강 교수는 깜짝 놀라 자리에서 벌떡 일어섰다.

"우리 정보팀은 양 교수님의 실종 소식을 듣고 대한민국 정보팀과 함께 철저하게 조사를 했습니다. 그랬더니 다른 나라 학자들의 납치 상황과 아주 비슷했습니다. 원래 그들은 양 교수님과 강 교수님 두 분을 납치하려고 했을 겁니다. 그래서 우리 요원들이 강 교수님을 보호한 것이지요."

강 교수의 얼굴이 더욱 창백해졌다. 뉴스에서 사흘이 멀다 하고 유명한 과학자와 수학자들의 실종 소식이 보도되었다. 그런데 자신도 그들의 납치 대상이었다니! 강 교수는 몸이 떨렸다.

"그들은 어떤 조직인가요? 지금 제 남편은 어디에 있죠? 그보다 제가 뭘 해야 되죠?"

"일단 마음을 좀 가라앉히세요. 우리도 그들의 정체를 알고 충격을 받았습니다."

강 교수는 자리에 앉아 크게 심호흡을 했다. 클린스는 컵에 물을 따라 강 교수에게 건넸다.

"그들은 자신들의 조직을 이모틀 엠파이어라 하고, 두목을 이모틀 킹이라 부릅니다. 근거지는 사하라 사막에 있는 티베스티 산맥의 지하인데, 그들을 잡기 위해선 교수님의 도움이 꼭 필요합니다."

클린스가 말을 이었다.

"우린 4년 전부터 그들을 추적했습니다. 그리고 그들이 계획적으로 지진과 해일을 일으켜 전 세계를 위험에 빠트렸지만 막을 방법이 없었습니다."

클린스가 길게 한숨을 내쉬었다.

"지진과 해일을 인간이 만드는 게 가능한가요? 그리고 전 그쪽 분야와는 전혀 관계가 없는데 뭘 도울 수 있죠?"

"그들은 오래전에 죽은 과학자를 복제했습니다."

"복제라면…… DNA를 이용했다는 건가요?"

"그렇습니다. 세포핵에서 DNA를 추출한 다음 시험관 아기 원리를 이용해 복제한 것 같습니다."

클린스가 침울한 표정으로 고개를 떨구었다. 그때 보좌관이 들어와 클린스에게 귓속말로 속삭였다.

"그들로부터 연락이 온 모양입니다. 교수님께서도 함께 보시죠."

강 교수는 클린스를 따라 방에서 나왔다.

"교수님께서는 보좌관을 따라가십시오."

보좌관은 클린스가 들어간 옆방으로 강 교수를 안내했다. 방으로 들어가자 유리벽을 통해 대형 모니터 앞에 앉아 있는 클린스의 뒷모습이 보였다.

화면에 머리와 얼굴 전체가 녹색인 이상한 형체가 나타났다. 마치 실리콘 틀에서 막 빠져나온 듯한 모습이었다. 눈과 입이 가늘게 찢어져 있고 눈에는 눈동자가 없어 더욱 섬뜩했다.

강 교수는 놀라 몸을 움츠렸다.

"이모틀 킹, 해밀턴 아일랜드도 당신 짓이지?"

"내가 경고했지. 내 요구를 들어주지 않으면 큰 대가를 치를 거라고!"

이모틀 킹의 굵고 탁한 소리가 방 안에 울렸다. 소름 끼치도록 음침한 목소리였다.

"정상 회의에서 당신의 요구 사항을 논의했지만 긍정적으로 검토하겠다는 나라는 없었다."

"클린스! 당신은 반대하고 있지만, 이미 영국은 많은 돈을 들여 사람들에게 칩을 삽입하고 있다고."

"그건 납치한 아이들의 위치를 알기 위해서 그런 거야. 당신이야말로 어린아이들까지 유괴하면서 뭐, 지구를 살리겠다고?"

클린스의 얼굴이 분노로 일그러졌다.

"아이들은 행복하게 지내고 있어. 칩을 삽입한 뒤로 더 건강해졌고, 성격 또한 온순……."

"그만!"

클린스가 탁자를 주먹으로 내리쳤다.

"실험 대상이 된 게 행복하다고? 진정 지구가 걱정된다면 아이들부터 돌려보내!"

"그건 생각해 보지. 그나저나 다음 G20 정상 회의에서는 결정이 나야 할 거야. 결정을 미루면 가장 먼저 뉴욕을 날려 줄 테니 알아서 해. 끼일, 낄낄낄."

녹슨 철문의 빗장을 여는 것 같은 기분 나쁜 웃음 소리가 흘러나왔다.

"G20 정상들이 다시 모인다 해도 당신의 요구 사항을 받아들이기 힘들 거야."

"그렇다면 G20 회원국에게 각각 선물을 보내야겠군. 오늘부터 하루에 한 나라씩, 20일 동안! 아마 흥미진진할 거야. 오늘은 자유의 여신상을 잘 봐 둬. 낄낄낄."

"뭐! 자유의 여신상을 어쩔……"

그때 대형 모니터가 깜박거렸다.

"이봐! 이봐!"

클린스가 소리쳤지만, 이모틀 킹의 모습은 화면에서 사라져 버렸다. 클린스가 즉시 비상사태를 선포했다. 보좌관들의 움직임이 바빠졌다.

강 교수는 이 상황이 꿈을 꾸는 것만 같았다.

"교수님, 다시 자리를 옮기시지요."

어느새 클린스가 옆에 와 있었다.

"죄송합니다. 너무 놀라서……."

"저들은 자신들이 만든 칩을 모든 사람에게 삽입할 것을 요구하고 있습니다."

"사람들에게 칩을 삽입하게 한 다음 전파로 조종하겠다는 속셈인가요?"

"그렇습니다. 이모틀 킹은 사람들에게 칩을 삽입하여 지구를 더 살기 좋은 곳으로 만들겠다고 주장하고 있습니다."

"설마 저들의 정체가 시온수도회라도 되는 건가요? 세계를 단일 정부로 만들어 지배하려는……."

"우린 저들의 정체를 파악하려고 노력 중이지만, 아직 확실하게 밝혀진 건 없습니다."

클린스는 책상 앞에 앉아 침착하게 말했다.

"4년 전 저들의 본거지를 확인했을 때 내규모로 공격을 했지만 아무 소용이 없었습니다. 이제 희망은 교수님뿐입니다."

"제 도움이 필요하시다면야, 최선을 다해야죠."

강 교수의 심장이 다시 뛰기 시작했다. 정말 남편이 납치되었다면 무슨 수를 써서라도 남편을 구해야만 했다.

"지금은 교수님이 개발한 TMT가 유일한 희망입니다."

클린스의 말에 강 교수의 표정이 어두워졌다.

"안타깝게도 TMT는 시스템이 불안정한 상태입니다. TMT에 인공지능 칩을 삽입한 뒤로 이전에 탑승했던 아이들의 이미지만 인식하고 다른 사람의 탑승은 거부하고 있거든요."

"한국에 파견된 우리 정보원들로부터 이미 정보를 들었습니다."

클린스가 씁쓸한 표정으로 고개를 숙였다.

"그래도 TMT가 필요하시면 이곳으로 옮겨 오지요."

강 교수가 말했다. 클린스는 잠시 주저하는 듯했다.

"그것보다 훨씬 어려운 부탁입니다. 미합중국 대통령으로서 이런 부탁을 드린다는 것이 무척 괴롭습니다. 지금 이 순간에도 어린이들이 유괴되고, 또 지진과 해일로 많은 사람들이 죽어 가고 있지만 막을 방법이 없습니다."

강 교수는 조바심이 났다. TMT가 아니라면 무엇을 원하는지 도무지 알 수가 없었다. 클린스는 말을 잇지 못하고 착잡한 심정으로 앉아 있었다. 옆에서 이 모습을 조용히 지켜보던 남자가 입을 열었다.

"클린스, 무례함을 용서하십시오. 제가 교수님께 말씀드리겠습니다."

남자가 강 교수에게 정중하게 고개를 숙였다.

"저는 정보부장 러셀입니다. 이번 일은 전 세계의 운명이 걸린 문제입니다. 그래서 교수님께 간곡하게 부탁드립니다."

클린스는 창밖을 바라보고 있었다. 러셀이 말을 이었다.

"저흰 교수님의 딸 혜지와 아이들을 TMT에 태워 이모를 엠파이어 본부로 보내려고 합니다. 물론 아이들이 안전하게 다녀올 수 있도록 모든 준비를 끝냈습니다. 저희를 믿어 주십시오."

강 교수는 온몸에 힘이 빠지면서 순간 현기증이 일었다. 방 안에 무거운 침묵이 흘렀다. 강 교수가 겨우 숨을 몰아쉬며 말했다.

"어떻게 이러실 수가 있죠? 남편이 납치되어 생사조차 모르는데, 딸까지 그런 곳으로 보내라고요?"

강 교수의 목소리가 높아졌다.

그때 문이 벌컥 열리더니 보좌관이 소리쳤다.

"클린스! 뉴욕이······."

보좌관이 텔레비전을 켜면서 말을 이었다.

"지금까지 일어났던 지진이나 폭풍보다 훨씬 강력합니다."

화면에서는 마치 영화의 한 장면 같은 모습이 나오고 있었다. 자유의 여신상이 물에 잠기고 하늘에 떠 있던 헬리콥터가 강한 비바람을 견디지 못하고 바다 속으로 가라앉고 있었다.

"세상에, 이럴 수가······."

클린스가 말을 잇지 못하고 신음 소리만 냈다. 바닷물은 거대한

물기둥이 되어 애타게 구조를 기다리는 사람들을 덮쳤다. 한 남자가 건물 난간에서 아기를 안고 있는 여인을 구하려다 여인과 함께 물에 휩쓸려 갔다.

"안 돼! 안 돼요!"

강 교수가 손으로 얼굴을 가리고 소리쳤다.

"당장 모니터를 켜!"

클린스는 분노가 치밀었다.

모니터를 켜자 기다렸다는 듯이 이모를 킹이 나타났다.

"생각보다 늦었군. 좀 더 일찍 협상을……."

"지금 당장 멈춰!"

클린스의 주먹이 부들부들 떨렸다.

"사람들에게 질서를 지키며 기다리라고 해. 조금 지나면 평온해질 거야."

"나쁜 놈! 널 절대 용서할 수 없어!"

클린스가 일어섰다. 러셀과 강 교수도 방을 옮겼다.

텔레비전에서는 부통령이 긴급 성명을 발표하고 있었고, 옆에는 유리창이 깨진 엠파이어스테이트 빌딩의 모습이 보였다.

클린스가 침통한 표정으로 강 교수를 바라보았다. 강 교수는 물에 잠긴 처참한 뉴욕의 모습에 가슴이 아팠지만 아이들을 도저히 그런 곳으로 보낼 수는 없었다.

"왜 아이들이어야 하나요? 이런 중요한 일에 정보원들은 뭐하고요?"

"그건 제가 말씀드리지요."

정보부장 러셀이 나섰다. 러셀이 준비한 CD를 컴퓨터에 넣자 모니터에 이중으로 된 납작한 돔이 나타났다.

"이곳이 이모틀 엠파이어의 첫 번째 방어막입니다."

러셀이 커다란 돔을 가리켰다.

"이 돔 안에는 유목민들이 살고 있습니다. 유목민들은 자신이 돔 안에 살고 있다는 사실을 모르고 있습니다. 돔의 벽은 시그마델타(ΣD)라는 특수한 광선으로 만들어졌는데 방어막이 미사일까지 흡수해 버립니다."

"니콜라 테슬라의 책에 나오는 이야기 같네요. 어떻게 이런 방어막을 만들었죠?"

강 교수는 오래전에 '니콜라 테슬라'에 관한 연구 논문을 읽은 적이 있었다. 테슬라는 자신이 연구한 기계로 지진을 일으키고, 자연현상을 조종할 수 있는 천재 과학자였다. 테슬라의 방어막은 어떤 무기로도 뚫을 수 없다고 연구 논문에 밝혔다.

"교수님의 추측이 맞습니다. 그들은 1943년에 죽은 테슬라를 복제한 것 같습니다. 아마도 완전한 형태의 인간은 아닐 거라고 생각합니다."

러셀이 화면을 바꾸었다.

"이건 안쪽의 돔입니다. 여러 차례 우리 정보원들을 보냈지만 그때마다 정보원들이 흔적도 없이 사라져 버렸습니다. 이 돔은 시그마 델타와 감마선을 합성시켜 만든 막으로 아주 높은 열을 냅니다. 뭐든지 닿았다간 흔적도 없이 사라져 버리지요. 그래서 교수님이 제작한 TMT로 공간 이동을 해 들어가려는 것입니다."

강 교수는 긴장된 표정으로 말했다.

"그렇다면 6개월의 시간을 주세요. 제가 TMT 시스템을 재정비해서 정보원들이 돔 안으로 갈 수 있도록……."

러셀이 강 교수의 말을 잘랐다.

"지금 시간이 없습니다. 이모틀 킹이란 자는 G20 회원국들에게 무차별적인 공격을 할 것입니다."

"그럼 이모틀 엠파이어에서 아이들의 안전은 어떻게 보장하죠?"

"모니터에서 보신 대로 그들의 신체는 완전하지 않아서 무기를 사용할 수가 없습니다. 대신 그들은 사람의 마음을 원하는 대로 조종할 수 있는 칩을 이용합니다. 하지만 저희는 아이들에게 그 칩이 삽입되어도 영향을 받지 않을 대책을 마련해 놓았습니다."

강 교수는 화가 치밀어 올랐다.

"제가 알고 싶은 것은 아이들이 살아 돌아올 수 있는 확률입니다."

"그동안 우리는 알파오메가-하이드로 슈트(AΩ-hydro suit)라는 특수복을 개발했습니다. 그 옷은 무기에 대한 다양한 방어 능력을 갖추고 있습니다. 게다가 그들이 만든 칩의 기능을 무력화시키는 생약도 개발했습니다."

"그 말도 아이들이 살아 돌아올 수 있다는 말은 아니군요."

침묵하고 있던 클린스가 입을 열었다.

"양영욱 교수님이 납치될 무렵, 독일의 수학자 베르너가 납치되었습니다. 그때 우리 정보원이 납치범 중 한 명을 생포했는데 그는 스스로 목숨을 끊어 버렸습니다. 칩에 조종당해 자살한 것이지요. 하지만 납치범의 귀 밑 피부에서 칩을 찾아내 모든 실험을 끝낸 상태입니다."

클린스가 보좌관에게 지시했다.

"연구원을 들여보내!"

흰 가운을 입고 가방을 든 두 연구원이 들어왔다. 한 연구원이 컴퓨터에 CD를 넣었다. 다른 연구원은 가방에서 병 두 개를 꺼내 클린스와 강 교수 앞에 놓여 있는 책상에 올려놓았다. 첫 번째 병에는 팥알 크기의 동그란 구슬이, 두 번째 병에는 쌀알 크기의 캡슐이 들어 있었다. 연구원이 팥알 크기의 구슬을 들고 설명했다.

"그들이 무기로 사용하고 있는 마인드 컨트롤 칩입니다. 크기, 모양, 기능이 똑같습니다. 이 칩을 인체에 삽입하고 전파를 보내면 칩이 삽입된 사람은 이모틀 킹의 명령대로 행동해야 합니다. 만약 자신의 의지대로 행동하면 엄청난 고통이 따르지요."

화면에는 두 남자에게 칩을 삽입하고 전파를 보내는 모습이 나왔다. 한 남자는 하던 일을 계속했고, 또 다른 남자는 머리와 배를 감싸고 바닥을 뒹굴면서 울부짖었다.

이번에는 연구원이 쌀알 크기의 캡슐이 든 병을 들었다.

"이건 전파차단 약(Jammer-Medicine)으로 잼(Ja-M)이라고 부르는 생약입니다. 잼을 복용한 사람은 칩의 영향을 받지 않게 됩니다. 다시 말해 자신의 의지대로 행동할 수 있지요."

강 교수가 러셀에게 물었다.

"그런데 아이들이 그곳에 가서 할 일은 뭔가요?"

"세 가지입니다. 일단 아이들이 돔 내부를 돌아다니며 옷에 부착된 카메라로 그쪽 상황을 이곳으로 전송하는 것이지요. 카메라 촬영과 전송은 모두 자동으로 이루어집니다. 둘째는 우리가 지정한 사람들에게 메시지와 잼을 전달하는 것입니다. 셋째는 납치된 사람들에게 잼을 나누어 주는 일입니다."

"만약 정보국에서 지정한 사람을 찾지 못하면요?"

"아이들이 그들을 쉽게 찾을 수 있도록 특수복에 찾을 사람들의 DNA를 입력해 두었습니다. 찾는 사람이 90미터 안에 있다면 신호음으로 알 수 있습니다. 양영욱 교수님의 DNA도 입력되어 있습니다. 양 교수님도 꼭 찾을 수 있을 겁니다."

강 교수는 결정을 내리지 못하고 망설였다. 클린스가 일어서며 말했다.

"사실 지난 해밀턴 아일랜드 G20 회의장에서 대한민국 대통령께 이미 부탁을 드렸고, 우리 핵심 연구원들이 대한민국으로 갔습니다. 우린 아이들의 안전을 위해 갖가지 방법을 모색했습니다. 저와 연구원들을 믿어 주십시오. 돌아가서서 저희의 계획에 부족한 부분이 있다면 보완하셔도 되고, 수정하셔도 됩니다. 그래도 마음이 내키지 않으시면 제안을 거절하셔도 됩니다."

클린스가 손을 내밀었다. 강 교수는 힘없이 클린스의 손을 잡으며 말했다.

"먼저 TMT를 안전하게 점검하고, 또 아이들 상황을 보고 난 후에 결정하도록 하겠습니다."

"우리가 다시 만나게 되길 바랍니다. 그땐 양영욱 교수님도 함께일 것입니다."

클린스는 부드럽게 미소를 지으며 강 교수를 배웅했다.

"너희 부모님도 청와대에 가셨니?"

강 교수의 연구실을 향해 걸어가면서 홍주가 세민이에게 물었다.

"응. 나도 따라가고 싶었는데 임무 때문에 안 된대. 근데 중요한 임무가 뭐지?"

"엄마가 청와대에서 온 아저씨한테 물어봤는데 혜지네 엄마 연구실에 가면 말해 줄 거라는데……."

홍주와 세민이는 강 교수의 연구실로 들어갔다. 검은 양복을 입은 남자가 혜지와 주철이 옆에 서 있었다.

"난 앤더슨이다. 누가 홍주고, 누가 세민이지?"

"안경 쓴 애가 세민이고, 머리가 뾰족한 애가 홍주예요."

혜지가 두 아이를 소개했다.

혜지와 아이들은 순서대로 신체 측정 기계 위에 올라섰다. 컴퓨터에는 아이들의 키와 몸무게는 물론이고 눈, 코, 귀의 모양과 크기가 모두 입력되었다.

"이런 게 왜 필요하죠?"

혜지가 앤더슨에게 물었다.

"이건 무척 중요한 거야. 너희들에게 딱 맞는 옷을 만들어야 하거든."

앤더슨은 아이들에게 얇은 팸플릿을 한 권씩 나누어 주었다. 겉표지에는 'AΩ-hydro suit'라고 쓰여 있었다.

"에이오메가 하이드로 슈트? 이게 무슨 뜻이에요?"

혜지가 팸플릿을 넘기며 물었다.

"그건 알파오메가 하이드로 슈트라고 읽는 거야. 알파는 고대 그리스 알파벳에서 처음을 뜻하고, 오메가는 끝을 뜻하지. 처음부터 끝까지 안전을 지켜 주는 옷이라는 뜻이야."

그때 팸플릿을 보던 홍주가 갑자기 소리쳤다.

"공중을 날아다닌다고요? 엥! 투명 인간? 이거 다 정말이에요?"

"훈련해 보면 알게 될 거다."

앤더슨의 말에 아이들은 오메가 슈트의 기능을 열심히 외웠다.

얼마쯤 시간이 흘렀을까? 흰 가운을 입은 남자가 아이들의 이름이 적혀 있는 상자를 들고 앤더슨 곁으로 다가왔다.

"벌써 다 됐어? 피터, 자네가 이 옷의 기능과 사용법을 아이들에게 가르쳐 주게. 시간이 별로 없어."

"네, 알겠습니다. 우선 핏 슈트만 가지고 왔습니다. 오메가 슈트는 지금 제작 중입니다."

피터가 홍주의 이름이 적힌 상자에서 옷을 꺼냈다. 핏 슈트는 녹색 괴물 가면이 달린 녹색 옷이었다. 앤더슨이 웃으며 말했다.

"누가 먼저 입어 볼래?"

"그렇게 괴상한 걸 입으라고요? 싫어요!"

홍주가 볼멘소리로 입을 삐죽거렸고, 다른 아이들은 슬금슬금 뒷걸음쳤다.

"그럼 내가 수학 퍼즐을 하나 내지. 못 맞히는 사람이 맨 먼저 입는 거야. 어때?"

앤더슨의 말에 아이들은 마지못해 고개를 끄덕였다.

"잘 들어. 1부터 9까지의 숫자를 아무렇게나 배열해 9자리 숫자를 만든 뒤에 1부터 9까지의 수 중에서 하나를 골라 나눴을 때 나머지가 0이 되는 '나누는 수'를 찾는 거야."

앤더슨의 말이 끝나자마자 혜지가 손을 번쩍 들었다.

"저요! 정답은 1이오."

"빙고! 또 없을까?"

생각에 잠겨 있던 주철이가 손을 들었다.

"3은 아닌가요?"

앤더슨이 웃으며 말했다.

"3도 정답이야. 또 있는데 이번에는 누가 맞힐까?"

홍주가 세민이를 힐긋 보더니 손을 들었다.

"음, 3이 정답이라면 6도 되지 않을까요?"

"아무래도 홍주가 가장 먼저 핏 슈트를 입어야겠는데. 6은 아니야. 123456789를 6으로 나누면 나머지 수는 3이 되거든."

앤더슨이 핏 슈트를 들고 웃었다. 홍주는 울상이 되어 핏 슈트를 가리키며 말했다.

"윗도리, 바지, 가면이 모두 붙어 있잖아요. 그걸 어떻게 입어요?"

앤더슨이 허리에 달린 버튼을 누르자 옷이 둘로 나누어졌다. 그리고 가면의 턱 밑을 누르자 가면이 윗옷과 떨어졌다.

"이 옷은 핏 슈트라고 하는데 겉에 입는 거야."

홍주가 상의와 하의를 입고 버튼을 눌렀다. 그러자 상, 하의가 하나로 연결되었다.

"와! 대단해."

홍주가 신이 나서 말했다.

아이들이 각자 핏 슈트를 입고 기능을 익히고 있을 때 연구원들이 또 다른 상자를 들고 들어왔다. 네 개의 상자에는 오메가 슈트가 들어 있었다.

"좋아, 혜지는 옆방으로 가서 갈아입고, 너희들은 여기서 입도록 해. 오메가 슈트를 먼저 입고 핏 슈트는 겉에 입는 거야."

혜지는 상자를 들고 옆방으로 갔다. 오메가 슈트에는 빨강, 보라, 초록, 파랑 버튼이 많이 달려 있었다. 촉감은 부드러웠고 옆구리에 있는 작은 구멍 속에 다양한 색깔의 캡슐이 셀 수 없이 많이 들어 있었다.

옷을 다 입은 혜지는 강의실로 들어가지 못하고 망설였다. 녹색 괴물로 변한 모습을 주철이에게 보여 주기 싫었기 때문이다.

"혜지는 뭐해? 어서 들어오지 않고!"

안에서 피터의 목소리가 들려왔다. 혜지가 쭈뼛쭈뼛 강의실로 들어갔다. 다행히 슈트를 입은 모습은 모두 똑같아서 누가 누군지 알 수 없었다.

피터가 말했다.

"지금부터 핏 슈트의 버튼을 이용해 누가 가장 멋있는 옷으로 꾸미는지 보겠다."

혜지는 팸플릿에 나와 있는 대로 버튼을 눌러 보았다. 옷은 반팔이 되기도 하고 색깔이 변하기도 했다. 심지어 투명해지기도 했다. 혜지는 버튼을 눌러 예쁜 색깔과 무늬를 만든 뒤 몸에 꼭 맞게 옷을 줄였다. 가면만 없다면 마음에 쏙 드는 옷이었다.

"자, 다들 핏 슈트를 다시 제대로 생성시켜 보렴."

주철이를 뺀 다른 아이들은 모두 옷이 제각각이었다.

"번호의 기능과 위치가 아직은 익숙하지 않지? 주철이가 제대로 한 것 같은데 어떻게 한 건지 친구들에게 설명해 줄래?"

"여기 배꼽에 있는 5번 버튼은 펏 슈트를 생성시키거나 소멸시킬 수 있어요."

"소멸? 무슨 뜻이에요?"

홍주의 질문에 피터가 머리를 긁적이며 말했다.

"소멸은 없앤다, 감춘다는 뜻이야. 그러니까 펏 슈트를 사라지게 하는 걸 말하지. 그리고 생성은 사라진 펏 슈트를 다시 나타나게 한다, 보이게 한다는 뜻이야."

피터가 다시 아이들에게 물었다.

"펏 슈트 안에 입고 있는 오메가 슈트를 이용하려면 어떻게 해야 하지?"

"먼저 5번 버튼을 눌러 펏 슈트를 소멸시킵니다."

혜지가 더운지 손부채질을 하며 대답했다.

"맞았어. 지금 모두 땀이 많이 나지?"

"네. 다 젖었어요!"

피터의 말에 세민이가 큰 소리로 대답했다.

"오메가 슈트를 이용하면 땀을 식힐 수도 있어."

"아하! 36번 체온 조절."

세민이가 36번 버튼을 눌렀다. 갑자기 온몸이 시원해지고 기분이 상쾌해졌다. 힘이 다시 솟는 기분이었다.

"와! 정말 시원한데!"

홍주가 펄쩍펄쩍 뛰어다녔다.

"지금부터 10분간 시간을 줄 테니 슈트를 잘 사용할 수 있도록 버튼 사용법을 익혀라."

아이들은 옷에 달려 있는 버튼을 누르며 하나씩 그 용도를 실험해 보았다.

장난기 많은 홍주가 바지를 투명하게 만든 뒤 상체만 공중에 둥둥 떠서 혜지에게 달려들었다.

"으흐흐, 나는 녹색 괴물이다!"

"엄마야!"

혜지가 비명을 지르며 도망쳤다. 그 모습을 보고 주철이와 세민이가 깔깔거리며 웃었다.

"장난은 그만! 그렇지만 홍주가 잘 응용했구나. 이 옷은 1번부터 45번까지 버튼이 있고 여러 기능을 동시에 쓸 수 있도록 만들어졌다. 기능을 잘 이용하면 편리할 거야."

피터가 강의실 한쪽을 가리키며 말을 이었다.

"자, 지금부턴 저 훌라후프 안에서 10초에 10바퀴를 도는 훈련을 하겠다. 비행 훈련을 위해서 필요하다."

그곳에는 지름이 60센티미터쯤 되는 훌라후프 4개가 놓여 있었다. 주철이가 가장 먼저 훌라후프 안에서 돌았다. 모니터에는 10회와 9초라는 결과가 나타났다. 혜지는 10회 11초였다.

홍주와 세민이가 시간을 줄이려고 열심히 연습하는 것을 지켜보던 피터가 말했다.

"오늘 훈련은 여기까지다. 지금부터는 클라우드 교수님의 수학 시간이다."

"네! 수학요? 공부한단 말은 없었잖아요?"

홍주가 소리쳤다. 아이들은 모두 피터를 쳐다보았다.

"클라우드 교수님은 수학을 예술이라고 생각하시는 분이라서 수업은 쉽고 재미있을 거야."

피터가 강의실 뒤쪽을 돌아보았다. 아이들은 피터가 바라보는 쪽으로 고개를 돌렸다. 그곳에는 머리가 벗겨진 뚱뚱한 할아버지가 서 있었다.

할아버지가 뿔테 안경을 고쳐 쓰며 앞으로 나오자 피터는 강의실 밖으로 나갔다. 클라우드는 듬성한 머리칼을 쓸어 올리며 다짜고짜 시험지를 아이들에게 한 장씩 나누어 주었다.

"자! 수학 시험이다. 너희들 실력을 알아보려는 거니까 열심히 풀어 봐!"

아이들은 정신을 집중해서 문제를 풀었다. 잠시 뒤 채점이 끝나자 홍주가 물었다.

"교수님, 점수도 말해 주나요?"

"그럼, 당연하지."

클라우드는 새로운 수학 문제를 칠판에 적었다.

"이게 너희가 받은 평균 점수야. 만점은 아니지만 이 정도면 괜찮군."

"그게 무슨 점수예요? 그냥 수학 문제잖아요."

홍주가 소리쳤다.

"수학 점수니까 수학 문제로 알려 줘야지. 궁금하면 계산해 봐. 그럼 내일 보자."

클라우드는 시험지를 들고 강의실 밖으로 나갔다. 아이들은 칠판에 적힌 문제를 뚫어지게 바라보았다.

다음 표에서 가로줄과 세로줄의 등호는 참이다.
ⓐ, ⓑ, ⓒ, ⓓ, ⓔ는 각각 다른 수이고, ⓓⓑ, ⓔⓓ, ⓒⓐ는 두 자릿수이다. ⓒⓐ가 평균 점수이다.

ⓐ	×	ⓑ	=	ⓓⓑ
×		÷		×
ⓓ	÷	ⓔ	=	ⓔ
=		=		=
ⓔⓓ	×	ⓓ	=	ⓒⓐ

평균 점수 = (ⓒⓐ)

세민이가 말했다.

"저 문제는 ⓐ, ⓑ, ⓒ, ⓓ, ⓔ 중에 가장 구하기 쉬운 것부터 찾아야 해."

주철이가 앞으로 나가더니 가로줄의 가운데를 손가락으로 짚으며 말했다.

"그러면 ⓓ÷ⓔ=ⓔ를 먼저 찾으면 어때? 4÷2=2나, 9÷3=3밖에 없잖아."

혜지가 말했다.

"그럼, ⓓ÷ⓔ=ⓔ 대신에 4÷2=2를 넣어 봐."

주철이가 ⓓ자리에는 4를 ⓔ자리에는 2를 써 넣었다.

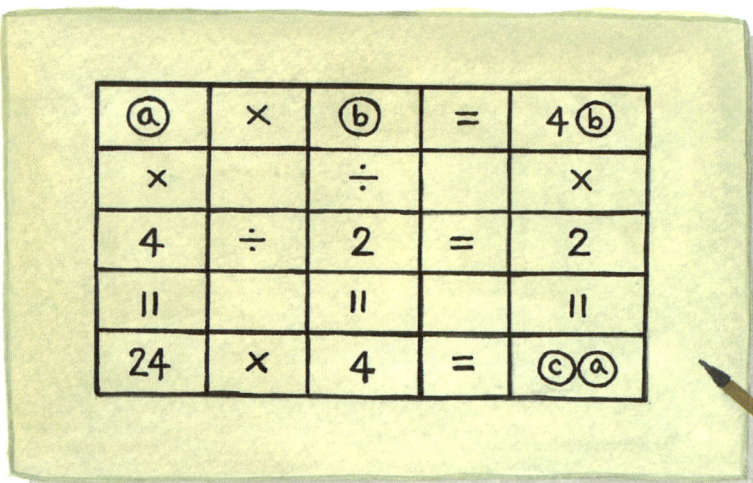

"와, 풀었어. 4를 곱해서 24가 되는 ⓐ는 6이고, 2로 나누어 4가 되는 ⓑ는 8이야. 그러면 평균 점수는 96점이야."

세민이가 소리쳤다.

"와! 너희들 정말 수학을 잘하는구나!"

언제 들어왔는지 피터가 팔짱을 끼고 흐뭇한 표정으로 아이들을 바라보았다.

"비행 연습은 언제 해요?"

홍주의 관심은 오직 하늘을 나는 것이었다.

"방금 했잖아. 도는 연습을 더 열심히 하면 날 수 있을 거야."

"9초에 10바퀴는 돌 수 있어요. 당장 해 볼게요."

홍주가 훌라후프 쪽으로 뛰어가며 말했다.

"여기선 안 돼!"

피터가 단호하게 말했다.

홍주는 실망스러운 얼굴로 자리에 돌아왔다.

"혜지는 여자 연구원과 함께 자고, 홍주, 세민이, 주철이는 복도 끝에 있는 남자 연구원들의 방에서 자도록 한다."

피터가 혜지를 데리고 나가자 홍주가 세민이를 부추겼다.

"세민아! 우리 운동장에서 날아 보자. 추진력 버튼을 누르고 돌면 되잖아?"

"그러다 들키면 어쩌려고?"

주철이가 걱정스럽게 말했다.

"그럼, 주철이 넌 여기 있어!"

홍주가 못마땅해서 쏘아붙였다.

"세민아, 가자. 들키면 연습한다고 하면 되잖아."

홍주가 앞장서고 세민이가 뒤따랐다. 주철이도 어쩔 수 없이 따라갔다.

홍주와 세민이가 추진력 버튼을 누르고 운동장 한가운데에서 돌기 시작했다. 하지만 몸은 떠오르지 않았다.

"주철아, 네가 해 봐."

홍주가 숨을 헐떡거리며 말했다. 주철이는 바닥에 작은 원을 그리고 힘껏 돌았다. 그러나 몸은 떠오르지 않았다. 세 아이들은 제자리에서 돌고 또 돌았지만 날기는커녕 모두 지쳐서 바닥에 드러눕고 말았다.

"피터, 거짓말쟁이! 날 수 있다고 믿은 내가 바보지."

홍주가 투덜거렸다.

"내가 왜 거짓말쟁이야! 여기선 날 수 없다고 말했을 텐데."

공중에서 들려온 목소리에 홍주, 주철이, 세민이는 깜짝 놀라 두리번거렸다. 분명 피터의 목소리였다.

"모두 강의실로 당장 올라와!"

아이들은 풀이 죽어서 터벅터벅 걸어 강의실로 향했다.

보이지 않는 섬

아이들을 태운 헬리콥터가 모래바람을 일으키며 해안가에 내려앉았다. 해안가에는 섬처럼 큰 군함이 닻을 내리고 있었고, 모래밭은 얼마나 넓은지 끝이 보이지 않았다. 아이들은 군함을 보려고 바닷가로 달음질쳤다.

"모여라!"

피터가 커다란 컨테이너 앞에서 소리쳤다. 아이들은 피터의 말을 못 들은 척 뛰었다.

"선착순이다. 늦는 사람은 기합이다."

선착순이라는 말에 세민이가 가장 먼저 뒤돌아 피터를 향해 뛰었다. 혜지와 주철이도 뒤따라 달렸지만 홍주는 이미 늦었다고 생각했는지 천천히 걸어갔다.

47

"홍주 넌, 내가 하는 대로 뛰어서 저기 깃발까지 갔다 온다."

피터가 시범을 보였다. 양발을 벌린 상태에서 한 발은 약간 앞으로 내밀고 겅둥겅둥 뛰었다. 마치 중력이 없는 곳에서 뛰는 것처럼 우스꽝스러운 모습이었다.

홍주가 뛰는 모습을 지켜보며 아이들이 깔깔대고 웃었다.

"친구가 벌 받고 있는데 웃다니! 너희들도 홍주랑 같이 뛰어갔다 와!"

피터의 말에 네 명의 아이들이 앞서거니 뒤서거니 하며 모래밭을 뛰어갔다. 아이들은 벌건 얼굴로 코를 씩씩거리며 깃발을 돌아 뛰어왔다.

"앞으로 '우주걸음'이라고 하면 이렇게 걷는다. 중력이 작은 곳에서는 우주걸음이 효과적이거든. 알겠지?"

"네!"

아이들이 큰 소리로 대답했다.

그때 앤더슨이 아이들의 이름이 적힌 작은 상자를 들고 나타났다. 상자 속에는 작고 동그란 렌즈가 들어 있었다.

"이건 특수 렌즈야. 이걸 항상 끼고 있어야 한다."

앤더슨이 홍주의 눈에 렌즈를 끼워 주었다. 홍주가 눈을 깜박거리다가 소리쳤다.

"세상에! 여긴 어디예요?"

방금 달음질쳤던 모래밭에 아주 커다랗고 둥근 건물이 서 있었다. 건물은 모래밭 끝까지 이어져 있었다.

"와! 이런 건물이 있었다니 신기해요."

렌즈를 낀 혜지도 놀라서 외쳤다.

"저건 돔(Dome)이야. 한번 들어가 볼래?"

앤더슨이 앞장섰다. 돔 안으로 들어서자 갑자기 물속에서 걷는 것처럼 몸이 떠올랐다. 자연스럽게 방금 훈련했던 우주걸음으로 걷게 되었다.

"어, 어, 아!"

홍주가 비명을 지르며 제자리에서 2미터보다 더 높게 뛰어올랐다. 이어서 혜지도 공중으로 솟아올랐다.

"아—아."

앤더슨이 아이들을 보며 말했다.

"돔 안은 중력을 달의 수준으로 줄여 놓았어. 여기선 너희들 몸무게도 6분의 1밖에 안 나가지."

"그럼 산소마스크를 해야 하지 않나요? 공기도 6분의 1밖에 안 되잖아요."

세민이가 물었다.

"공기와 중력은 아무런 상관이 없어."

그 말에 아이들은 신이 나서 경중경중 뛰기 시작했다. 지켜보던 앤더슨이 큰 소리로 말했다.

"좋아. 지금부턴 피터가 너희들 교관이야. 다들 피터 말에 잘 따르도록! 특히 홍주, 넌 창의적이고 상황 파악은 잘하는데 집중력이 부족해. 잘할 수 있겠니?"

홍주가 고개를 끄덕였다.

"이제부턴 공중으로 날아오르는 훈련이다. 추진력 버튼이 어디 있는지 알지?"

피터가 말했다.

"네!"

홍주가 제일 크게 대답했다.

"좋아, 모두 추진력 버튼을 눌러라."

홍주는 기대에 부풀어 싱글거리며 추진력 버튼을 눌렀다. 주철이도 자세를 잡았다.

"비행 시작!"

피터의 명령이 떨어지자 아이들은 모두 제자리에서 돌기 시작했다.

순간 홍주의 몸이 공중으로 붕 떠올랐다. 몸이 천장에 닿을 정도로 떠오르자 놀란 홍주가 재빠르게 버튼을 눌러 아래로 내려왔다. 주철이는 두 팔로 방향을 조종하면서 멋있게 돔을 돌아 피터 옆에 내려섰다.

"왜 조종하면서 날 수 있다는 말은 안 해 줬어요?"

홍주가 뾰로통한 얼굴로 피터에게 물었다.

"네가 스스로 알아내야 해. 그래야 더 잘 기억할 수 있지."

"방향키와 손발을 이용하는 거예요?"

"그래. 마음껏 응용해 봐. 그리고 앞으론 문제가 생기면 네 사람이 의논해서 해결하도록."

피터가 웃으며 말했다.

"혜지는 주철이 말만 듣는걸요."

"내가 언제? 너랑 세민이는 항상 주철이만 따돌리잖아!"

혜지가 홍주에게 톡 쏘아붙였다.

아이들이 말다툼하는 모습을 지켜보던 앤더슨이 말했다.

"자, 이제 식사 시간이다."

홍주는 계속 날고 싶다고 졸랐지만 앤더슨은 고개를 저었다.

"이런 돔을 만들려면 첨단 장비와 기술도 필요하지만, 전기도 많이 필요하단다. 지금 군함의 발전기까지 동원하고 있지만 전기가 부족한 상황이야."

"그럼 전기를 차단하면 돔이 사라지나요?"

앤더슨이 고개를 끄덕였다. 아이들은 모두 돔에서 나와 컨테이너를 향해 걸어갔다. 홍주가 시무룩한 얼굴로 뒤돌아보더니 놀란 얼굴로 소리쳤다.

"벌써 돔이 사라졌어요!"

모래밭에는 아이들이 처음 도착했을 때처럼 깃발만 펄럭이고 있었다.

컨테이너 안으로 들어가니 커다란 모니터와 컴퓨터가 여러 대 보였다. 그리고 한쪽 식탁에는 맛있는 음식이 차려져 있었다.

식사가 끝나자 앤더슨이 아이들에게 물었다.
"첫 비행은 어땠니?"
"정말 신 나고 재밌었어요. 또 날고 싶어요."
홍주가 벌떡 일어섰다.
"안 돼! 지금부턴 수학을 공부할 시간이야."
"도대체 수학은 왜 공부해요? TMT를 타고 여행한다면서요?"
혜지가 물었다.
"그건 다음에 말해 줄게. 자, 교수님이 기다리신다."
클라우드는 아이들이 오기를 기다리고 있었다. 아이들이 책상 앞에 앉자 클라우드는 바로 수업을 시작했다.
"점이 일정한 간격으로 찍혀 있고, 점과 점 사이의 길이는 1이다.

그럼 다음 두 다각형의 넓이는 얼마일까?"

클라우드가 화면에 문제를 띄우고 문제지를 나누어 주었다.

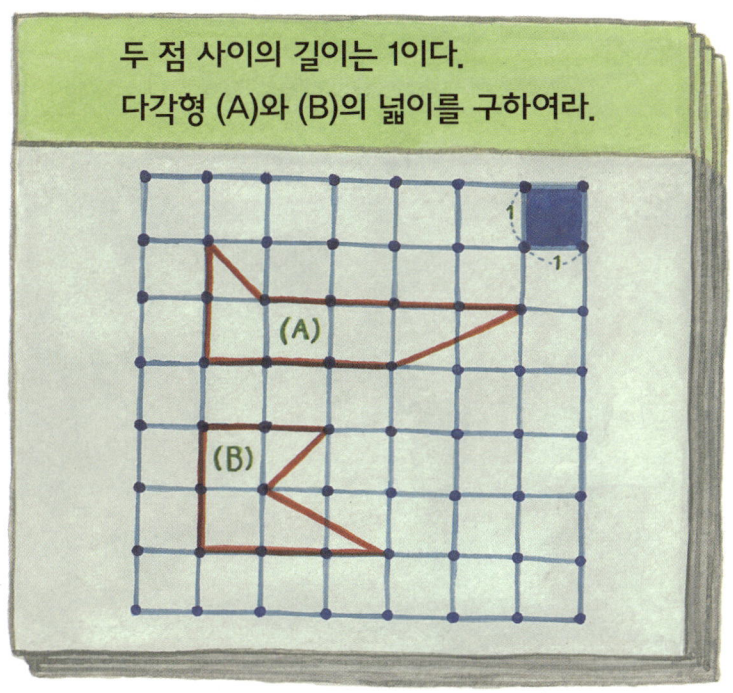

"이것만 계산하면 비행 연습하러 가도 되나요?"

홍주가 물었다.

"물론이지. 자, 이 문제를 쉽고, 정확하게 풀고 싶으면 먼저 규칙을 찾는 게 좋을 거야."

홍주는 사각형의 잘린 부분을 채우고 넓이가 1인 정사각형을 셌다. (A) 다각형의 넓이는 4.5였고, (B)는 3.5였다.

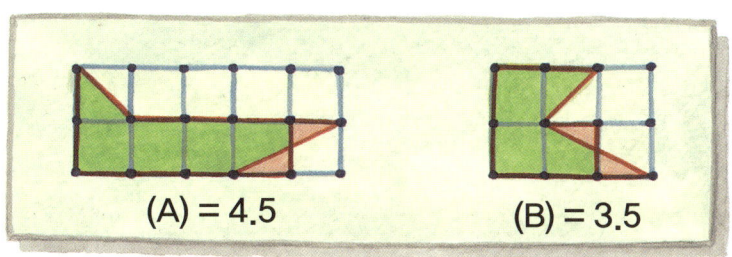

"교수님, 다 풀었어요."

홍주가 제일 먼저 클라우드에게 문제지를 건넸다.

클라우드가 밖으로 나가려는 홍주를 불러 세웠다.

"잠깐만! 점 12개를 연결해서 다각형을 만들면 그 넓이가 얼마나 되지?"

"또 풀라고요?"

"비슷한 문제를 빠르고 정확하게 풀려면 규칙을 찾으라고 했지!"

홍주는 툴툴거리며 문제지에 점 12개를 찍고 도형을 슥슥 그리더니 대답했다.

"10인데요."

그러자 세민이가 불쑥 끼어들었다.

"10이 아니고, 5야. 다시 계산해 봐."

혜지와 주철이도 점 12개를 찍고 다각형의 넓이를 계산했다. 혜지는 13, 주철이는 8이 나왔다. 모두 점 12개를 이었지만 넓이는 제각각이었다.

클라우드가 아이들이 그린 4장의 문제지를 모두 책상 위에 놓고 말했다.

"분명 다각형의 변에 걸친 점은 12개인데 왜 넓이가 다를까?"

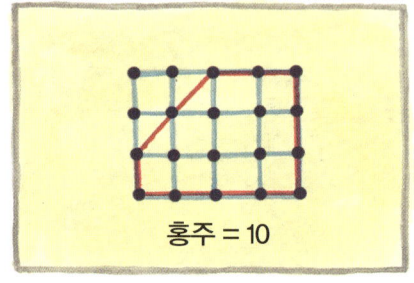
홍주 = 10

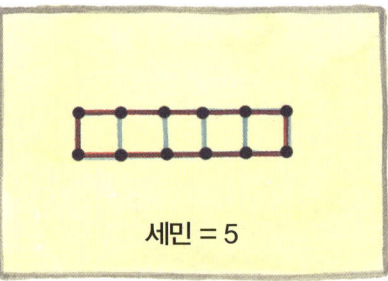
세민 = 5

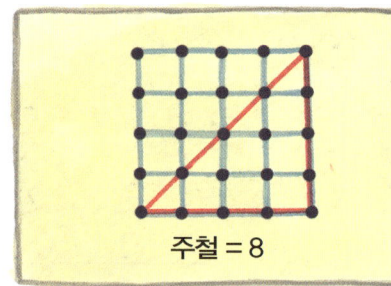
주철 = 8

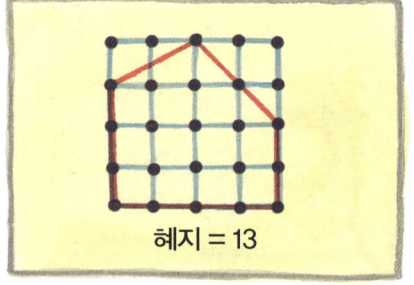
혜지 = 13

"그림이 모두 다르잖아요."

"어떻게 다르지?"

클라우드가 홍주에게 되물었다.

"다각형의 모양도 다르고……."

홍주가 말을 하려다가 입을 다물었다.

"좋아, 오늘은 보내 줄 테니 대신 넓이가 다른 이유를 알아 오도록 해."

세민이가 고개를 갸우뚱하며 물었다.

"저희들이 푼 것 중에 답이 있나요?"

"주철이 것이 답이죠? 5학년 1학기 수학책에 나온 삼각형의 넓이를 구하는 것과 똑같은 문제예요."

홍주가 말했다.

클라우드가 세민이와 홍주를 빤히 쳐다보며 말했다.

"수학은 답을 알아내는 것이 중요한 게 아니야. 어떤 방법으로 쉽고 정확하게 답을 얻을까 생각해 내는 것이 중요하지."

"아! 공식 말인가요?"

혜지가 물었다.

"그래, 문제 뒤에 숨겨진 규칙을 찾아내는 것이 진짜 수학이야."

가만히 교수님의 얘기를 듣고 있던 주철이가 물었다.

"그럼, 이 문제도 넓이를 계산하는 공식이 있다는 말이네요?"

"암, 있고말고. 일명 '픽의 정리'라고 하지. 규칙을 찾고 싶으면 4개의 다각형이 왜 넓이가 다른지 알아내야 해."

임무를 위한 힘든 훈련

아이들은 피터와 다시 돔 안으로 들어갔다. 돔 안에는 군데군데 모래를 파헤쳐 놓은 곳이 있었다. 도랑이 길게 파여 있기도 하고, 낮은 모래 언덕도 있었다.

홍주는 피터를 따라다니며 날게 해 달라고 졸랐다. 장비를 점검하던 피터가 말했다.

"내가 졌다. 대신 한 바퀴만 날고 돌아오는 거야."

"한 바퀴요? 적어도 다섯 바퀴는 돌아야죠."

"안 돼! 분명히 한 바퀴라고 했다. 만약 지키지 않으면 전체 기합이다."

홍주가 맨 먼저 모래 먼지를 일으키며 공중으로 떠올랐다. 주철이와 혜지, 세민이도 뒤따랐다. 홍주가 방향키를 조종해 쏜살같이 내려오다 다시 위로 솟구쳤다. 다른 아이들도 홍주의 뒤를 따라 금세 한 바퀴를 돌았다.

피터가 손짓하자 주철이가 아래로 내려왔다. 혜지와 세민이도 피터 앞에 내렸다. 하지만 홍주는 반대편으로 날아가 두 바퀴를 더 돌고 피터의 계속되는 손짓에 못 이기는 척 내려왔다.

"지금부터 모두 저기 보이는 빨간 깃발까지 간다. 만약 늦게 도착한 사람이 있으면 다시 한다. 너흰 홍주 때문에 벌을 받는 거야!"

피터가 화가 난 목소리로 소리쳤다. 혜지가 인상을 찌푸리며 홍주를 칩떠보다가 출발선에 섰다. 피터가 출발 신호를 보내자 아이들은 우주걸음으로 뛰기 시작했다. 바람이 불고 중력이 적은 곳이라 한 번 뛸 때마다 1~2미터씩 앞으로 나아갔다. 벌이라기보다 신나는 놀이 같았다. 하지만 도랑을 건너 모래 언덕을 오를 때는 아무리 뛰어도 제자리걸음이었다.

"왜 이러지? 앞으로 안 나가."

"피터가 우릴 골탕 먹이려고 속임수를 쓴 걸 거야."

혜지의 말에 세민이가 숨을 몰아쉬며 말했다. 혜지는 바닥에 주저앉으려다 이를 악물었다.

'이겨 내야 해. 할 수 있어! 엄마에게 자랑스러운 딸이 되려면 포기하면 안 돼!'

혜지는 마음속으로 다짐하면서 계속 뛰었다.

이때 강 교수는 먼발치에서 아이들의 훈련 모습을 지켜보고 있었다. TMT를 점검하고 아이들을 보러 뒤늦게 섬에 들어온 것이다.

혜지는 모래밭에 쓰러졌다가 다시 일어나려고 몸부림을 쳤다. 주철이도 지쳐 주저앉았다.

"모두 일어나서 다시 출발 지점으로 간다. 알겠나!"

피터가 소리쳤다. 다정했던 이전 모습과 달리 피터는 엄하고 무서운 얼굴로 아이들을 훈련시켰다. 아이들은 깃발을 향해 다시 뛰기 시작했다. 바람은 더욱 거세졌고 흙모래가 흩날렸다. 한걸음 한걸음 옮길 때마다 발이 모래 속으로 빠졌다. 잠시만 서 있어도 발이 모래에 파묻혔다. 혜지는 주철이가 모래바람 속에서 구르는 모습을 보았다. 혜지도 몸을 가누지 못하고 굴렀다. 모래가 몸을 덮쳐 숨이 막히고 가슴이 답답해졌다. 더 이상 못 견디겠다고 생각했을 때 모래바람이 멈추었다. 아이들은 모두 숨을 헐떡거리며 쓰러져 있었다.

"10분 동안 휴식 시간을 주겠다. 모래바람을 이기고 깃발까지 갈 수 있는 방법을 함께 의논하도록!"

피터는 아이들을 남겨 두고 연구원들과 함께 돔 밖으로 나갔다.

"미안해. 다신 말썽 안 부릴게."

홍주가 사과했지만 혜지는 들은 척도 하지 않고 모래 언덕을 뚫어져라 바라보았다.

"어떻게 해야 저 언덕을 넘을 수 있을까?"

혜지가 물었다.

"날아가면 어때?"

세민이가 말했다.

"맞아! 둥근 보호막. 보호막이 있으면 모래 바람이 불어도 앞으로 굴러갈 수 있잖아."

홍주가 손뼉을 치며 크게 소리쳤다.

"그래. 그 방법을 써 보자."

혜지가 흘러내리는 땀을 닦으며 일어섰다.

아이들은 다시 출발선에 섰다. 반복되는 훈련으로 이제 우주걸음을 걷기도 힘들었다. 긴 도랑을 건너자마자 모래바람이 휘몰아쳤다. 그때 27번 버튼을 누르자 투명한 막이 온몸을 둥글게 감쌌다. 둥근 보호막 덕분에 아이들은 바람을 타고 굴러가기 시작했다. 비행하는 것보다 훨씬 짜릿하고 긴장감이 있었다. 10미터쯤 앞서 굴러가던 주철이가 추진력 버튼을 누르고 투명 막 밖으로 두 손을 내밀더니 날아가기 시작했다. 뒤따라가던 홍주도 추진력 버튼을 누르고 손과 발을 투명 막 밖으로 내밀었다.

"야호!"

홍주가 주철이를 앞지르며 깃발을 통과했다. 혜지와 세민이도 뒤따랐다. 피터의 만족스러운 목소리가 들려왔다.

"잘했어! 오늘 훈련은 만점이야. 혼자 생각하는 것보다 넷이 함께 힘을 모으면 좋은 결과를 얻는다는 것을 잊지 마라."

"이게 벌이 아니고 훈련이었어요?"

혜지가 발개진 얼굴로 물었다.

"그래. 사실 벌을 주고 싶지만 그럴 시간이 없어."

피터의 말이 끝나자마자 홍주가 헉헉거리며 말했다.

"목 말라요. 물 좀 주세요."

"이미 갖고 있잖아."

"네?"

홍주는 몸을 이리저리 살펴보았다.

"아! 알았다. 이거죠?"

홍주가 오메가 슈트에서 하얀 캡슐 하나를 떼어 내더니 입에 넣었다.

"이게 뭐야? 금세 녹아 버리잖아."

피터가 웃으며 말했다.

"그 캡슐은 갈증 해소와 진정제 역할을 하지. 특히 사막에서 쓰러졌을 때 먹으면 효과를 바로 볼 수 있다."

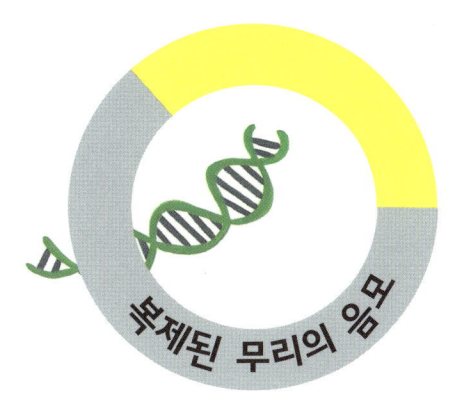

훈련이 끝난 뒤 아이들이 컨테이너에 모였다. 앤더슨이 아이들에게 물었다.

"왜 수학 공부를 하는지 궁금하다고 했지?"

"네. TMT로 여행하는 것 아닌가요?"

"TMT로 여행하는 건 맞지만, 이건 보통 여행이 아니야."

앤더슨의 표정이 어두워졌다.

"최근 수학자나 과학자들이 실종되었다는 뉴스를 본 적이 있는지 모르겠구나. 사실 그 사람들은 실종된 게 아니고 납치된 거야."

"네? 누가 납치했어요?"

아이들의 눈이 동그래졌다

"너희들이 녹색 괴물이라고 말하는 복제된 무리들이지."

"복제된 무리요? 그럼 혹시, 지금 우리가 하는 훈련이……."

세민이의 말이 끝나기도 전에 앤더슨이 힘주어 말했다.

"맞아. 너희들은 TMT로 공간 이동해서 비밀 기지에 침투하게 될 거야."

"우리가요?"

아이들이 깜짝 놀라 소리쳤다.

"며칠 전 뉴스에서 뉴욕에서 일어난 지진과 해일을 봤지?"

"네. 너무 무서웠어요."

혜지가 의자를 끌어당기며 말했다.

"왜 갑자기 전 세계적으로 자연재해가 늘어난 걸까?"

"그건 지구의 온난화로……."

주철이의 말에 앤더슨이 고개를 저었다.

"지금 일어나고 있는 재해들은 자연적으로 발생하는 게 아니야. 나쁜 무리들이 지구를 지배하기 위해 일으킨 거란다."

"말도 안 돼요! 사람이 지진과 해일을 일으킨다고요?"

모두 놀라서 소리쳤다.

"이모틀 엠파이어(Immortal Empire)의 짓이지."

"이모틀 엠파이어라면 '사라지지 않는 영원한 제국'이라는 뜻인가요?"

홍주가 말했다.

"그래. 두목은 이모틀 킹(Immortal King), 스스로를 '죽지 않는 영원한 왕'이라고 부르지."

앤더슨은 아이들의 얼굴을 차례로 보며 말을 이었다.

"복제된 인간 중에는 니콜라 테슬라라는 유명한 과학자가 있어. 그는 80년 전에 자신이 만든 기계로 지진을 일으킨 적이 있지."

"죽은 사람을 복제했다고요?"

홍주의 목소리가 커졌다.

"테슬라는 1943년에 죽었지만 그들에 의해 복제되었어."

"그렇지만 세포도 이미 죽었을 텐데……."

홍주의 질문에 앤더슨이 복제에 대해 설명해 주었다.

"죽은 세포의 핵에도 24쌍의 DNA가 존재한단다. 살아 있는 세포에 핵을 제거하고 원하는 DNA를 착상시킨 뒤, 난자와 수정시키면 시험관 아기처럼 다시 태어날 수 있지."

"그럼 죽은 사람의 머리카락만 있어도 복제할 수 있다는 말이에요?"

주철이가 물었다.

"그렇지. 하지만 도덕적으로나 윤리적으로 어긋나는 일이기 때문에 사람을 복제하는 일은 모든 나라에서 금지하고 있단다."

"정말 복제 인간이 지진을 일으킨 거예요?"

세민이가 앤더슨에게 다가앉으며 물었다.

"원하는 장소와 시간에 지진과 해일을 일으키는 건 현대 과학으로도 불가능해. 그 일을 할 수 있는 사람은 테슬라밖에 없어."

"혹시 테슬라가 두목인가요?"

혜지가 물었다.

"그건 아닐 거야. 단지 복제되어 이모를 킹에게 이용당하고 있겠지. 그는 살아 있을 때 많은 것을 연구했지만 무기로 쓸 수 있는 것들은 공개하지 않았어."

"근데 왜 우리가 그곳에 가야 하죠? 그냥 공격하면 되잖아요."

세민이가 겁을 먹고 말했다.

"네 말대로 이미 여러 차례 공격을 시도했어. 그런데 그들의 방어막을 뚫을 수는 없었단다. 미사일도 방어막에 흡수되어 버렸거든."

앤더슨이 리모컨을 눌렀다. 화면에는 녹색 괴물이 겅둥겅둥 걷고 있었다. 한 번 걸을 때마다 2~3미터씩 앞으로 나갔다.

"저 괴물이 이모틀 킹이야. 너희들이 입고 있는 펏 슈트의 모습과 비슷하지?"

아이들이 고개를 끄덕였다.

"근데 자세히 봐라. 머리카락이나 눈썹도 없지? 몸통은 둥글고 팔다리도 흐느적거리고. 무기도 사용할 수 없을 것 같지? 완벽한 복제 기술은 아직 완성되지 않은 모양이야."

"몽둥이 하나도 못 들겠는데요."

혜지의 말에 아이들이 웃었다.

"저곳은 중력이 적어요?"

"저 다리로는 걷기 힘드니까 중력을 줄였을 거야."

"그럼, 저기선 마음대로 날 수 있겠네요?"
홍주가 화면 가까이로 다가갔다.
"그렇지. 그래서 너희들에게 중력 적응 훈련을 시킨 거야."
앤더슨의 설명은 계속 이어졌다.
"얼마 전 독일의 수학자 베르너를 납치했던 납치범을 잡았어. 그

는 잡히자마자 자살해 버렸지만 호주머니에서 이런 쪽지를 찾아냈단다. 이 점판의 다각형과 기호가 무엇을 뜻하는 것 같니?"

앤더슨이 건넨 쪽지를 아이들이 훑어보았다.

"이건 클라우드 교수님이 말한 '픽의 정리' 같은데요?"

주철이가 말했다.

"우리도 '게오르그 알렉산더 픽의 정리'라고 생각하고 있어. 그럼 아래 숫자와 기호는 어떤 의미가 있을까?"

앤더슨이 다시 물었다.

"무슨 암호 같아요. 숫자에 따라 화살표 방향으로 가라는 게 아닐까요?"

"홍주 말이 맞았어. 이 기호 속에는 많은 비밀이 숨겨져 있단다. 만약 너희들이 그곳에 간다면 이런 문제들을 풀 수 있어야 위험에서 벗어나거나 임무를 수행할 수 있을 거야."

"정말 우리가 가야 해요?"

세민이가 떨리는 목소리로 물었다.

"거긴 혜지 부모님이 개발한 TMT로밖에 갈 수 없는 곳이야. 현재 TMT는 너희들만 탈 수 있단다."

앤더슨이 말을 이었다.

"저들은 모든 사람들의 머리에 칩을 삽입하려고 하고 있어. 칩이 삽입된 사람은 원격 조종을 당해 저들의 노예가 되고 말지."

아이들은 가만히 듣고만 있었다.

"너희들이 가지 않겠다면 이번 프로젝트는 포기할 수밖에 없단다. 클린스 대통령도 너희들이 거부하면 보내지 않겠다고 했고, 강 교수님도 아직 결정을 못 했어. 우린 너희들 의견을 존중할 거다."

혜지는 고개를 떨어뜨리고 있는 주철이를 쳐다보았다. 세민이는 불안한 표정으로 혜지의 눈치를 살폈고, 홍주는 이미 마음의 결정을 한 것 같았다.

"지금 결정하지 않아도 돼. 훈련이 끝날 때까지 진지하게 생각해 보고 결정하기 바란다."

앤더슨이 자리에서 일어섰다.

"정말 칩만 피하면 되나요?"

주철이가 앤더슨에게 물었다.

"너희들은 우리가 개발한 전파 차단 약을 미리 먹을 거야. 그럼 칩이 삽입돼도 조종당하지 않지."

"그렇다면 전 갈게요."

주철이가 단호하게 말했다. 주철이의 목소리에서 힘이 느껴졌다.

"저도 갈게요. 악당들에게 계속 당할 순 없잖아요."

혜지는 주철이와 함께라면 임무를 완수할 수 있을 거라고 생각했다.

앤더슨이 세민이와 홍주를 바라보았다.

"우리 엄마 아빠도 이 일에 대해 아시나요?"

세민이가 울상이 되어 말했다.

"물론이지. 대통령이 청와대에서 이미 설명하셨을 거야. 이번 일은 대단히 중요한 일이고, 아무나 할 수 있는 일도 아니지."

세민이는 혜지에게 늘 겁쟁이라고 놀림을 당했다. 처음 TMT로 여행을 떠났을 때도 위험에 빠진 주철이를 구하러 가기로 약속해 놓고 겁이 나서 도망쳐 버렸다. 그날 이후로 혜지는 세민이를 믿지 않았다. 세민이도 이번만큼은 겁쟁이라는 말을 듣고 싶지 않았다.

"그럼 저도 가겠어요."

"홍주, 넌 어쩔 거야?"

"모두 가는데 나만 빠지면 되겠어요? 저도 갈 거예요."

홍주까지 가겠다고 나서자 건너편에서 지켜보던 피터가 웃는 얼굴로 고개를 끄덕였다.

"너희들이 큰 결심을 해 주었구나. 고맙다."

앤더슨은 피터에게 CD를 건네받아 컴퓨터에 넣었다.

모니터에 모래밭 풍경이 빠르게 지나갔다. 화면이 바뀌면서 비행접시 모양의 납작하고 둥근 돔이 나타나자 화면을 멈추었다. 앤더슨이 레이저빔으로 화면에 나타난 돔을 가리켰다.

"이곳이 이모틀 엠파이어의 외부에 있는 돔이다. 너희들이 훈련을 받았던 돔과 같은 모양이지?"

"저곳은 사막인가요?"

"맞아. 사하라 사막이야."

"저 안에 있는 사람들은 뭘 먹고 살아요? 사막에서 농사를 지을

리도 없을 테고."

혜지가 물었다.

"그게 미스터리란다. 분명히 식량이 필요할 텐데 아직은 들어간 흔적을 찾지 못했어. 이모틀 킹은 사람들에게 칩을 삽입하면 부족한 에너지와 식량이 해결되고, 고갈되고 있는 자원이 보존되며, 특히 이산화탄소로 인한 지구의 온난화까지 막을 수 있다고 큰소리치고 있단다. 하지만 믿을 수가 없지."

"그럼 돔은요? 저런 돔을 만들려면 전력이 많이 필요하다고 했잖아요."

"홍주가 제법인걸. 테슬라는 자연에서 전기를 무한정으로 얻어 쓸 수 있다고 주장했어."

"전기가 자연 속에 무한정 있다고요?"

주철이가 놀라 물었다.

"세상을 창조한 신은 공기, 물, 햇빛과 함께 전기도 주었지. 번개나 천둥이 치는 것을 본 적이 있지? 그것은 대기 중에 흐르는 전기 에너지 때문이야. 그런 에너지를 자유롭게 쓸 수 있다면 원자력 발전소나 화석 원료도 필요 없고, 세상은 달라지겠지."

혜지가 창밖을 바라보며 물었다.

"그 말대로라면 이곳에도 전기가 있겠네요?"

"물론이지. 모든 물질의 원자는 음전기와 양전기를 띠고 있거든. 테슬라는 이런 전기를 끌어다 쓸 수 있는 기계를 발명했을 거야."

"그런 유명한 과학자를 우린 왜 몰랐죠? 에디슨보다 더 훌륭한 과학자잖아요?"

세민이가 물었다.

"테슬라는 기질이 엉뚱해서 사람들의 인정을 받지 못했어. 기후를 조종해 폭우와 폭풍을 일으키는 것, 지주를 양쪽에 세워 놓고 전선 없이 불을 밝히는 것 등 그가 주장한 것들 중에는 아직도 현대 과학자들이 입증을 못 하는 것이 많지."

앤더슨이 아이들이 입고 있는 오메가 슈트를 가리켰다.

"너희들이 입고 있는 오메가 슈트는 공기에서 전기를 충전하고, 충전된 전기가 몸에 해를 끼치지 않도록 만들어졌어. 바로 테슬라의 주장에서 힌트를 얻은 거지."

앤더슨이 시계를 보더니 일어섰다.

"클라우드 교수님이 기다리시겠다. 이젠 너희들도 책임감을 가지고 열심히 하도록 해라."

훈련을 마치고 책상 앞에 앉은 아이들은 눈빛이 달라졌다. 클라우드가 리모컨을 누르자 지난 시간에 풀었던 문제가 화면에 나타났다.

"어제 풀었던 문제야. 자, 점 12개를 이은 다각형인데 왜 넓이가 각각 달랐지?"

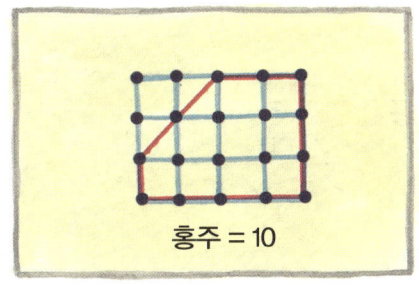
홍주 = 10

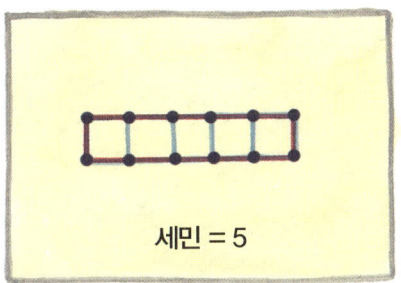
세민 = 5

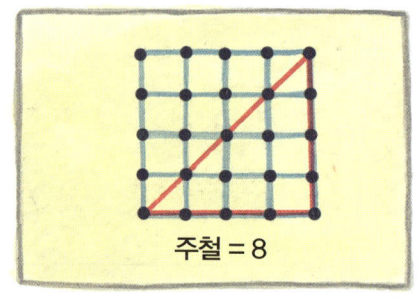
주철 = 8

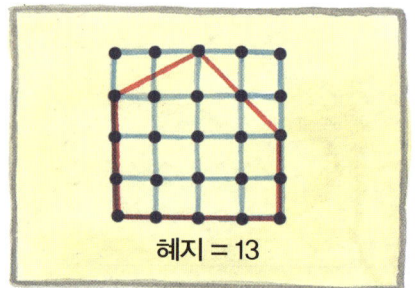
혜지 = 13

아이들이 골똘히 생각에 빠져 있자 클라우드가 다른 다각형을 화면에 띄웠다.

"이 그림도 12개의 점을 이은 다각형이야. 넓이는 각각 얼마지?"

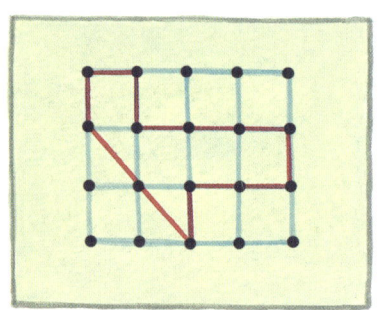

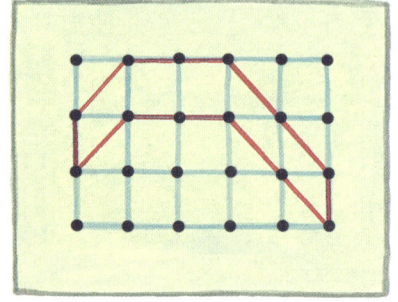

세민이가 번쩍 손을 들고 말했다.

"두 개 다 넓이는 5예요. 그럼 내가 맞은 거네."

"그래, 세민이의 다각형 넓이는 5였지. 그럼 네가 그린 다각형과 다른 친구들이 그린 다각형은 어떻게 다르지?"

세민이가 대답을 하지 못하고 머뭇거리자 주철이가 말했다.

"다각형 변에 걸친 점의 수는 같지만, 내부 점의 수가 달라요."

"바로 그거야. 다각형 내부에 점이 없고, 변에 걸친 점의 개수가 같을 땐 넓이도 모두 같단다."

클라우드가 이번에는 다른 문제지를 나누어 주었다.

다각형의 내부 점이 없고 변에 걸친 점은 9개이다. 넓이가 같은지 확인하여라.		
다각형		
변에 걸친 점의 수	9개	9개
다각형		
변에 걸친 점의 수	9개	9개

다각형 넓이를 계산하던 홍주가 소리쳤다.

"와, 모두 3.5예요. 진짜 신기하다! 그럼 점 18개를 연결한 다각형들도 내부에 점이 없으면 넓이가 모두 같겠네요?"

"같고말고. 자, 그럼 공식을 찾아보자. 점 3개부터 8개까지를 연결한 다각형이란다. 넓이를 계산해 보고 관계식을 찾아보렴."

클라우드가 또 다른 문제지를 나누어 주었다.

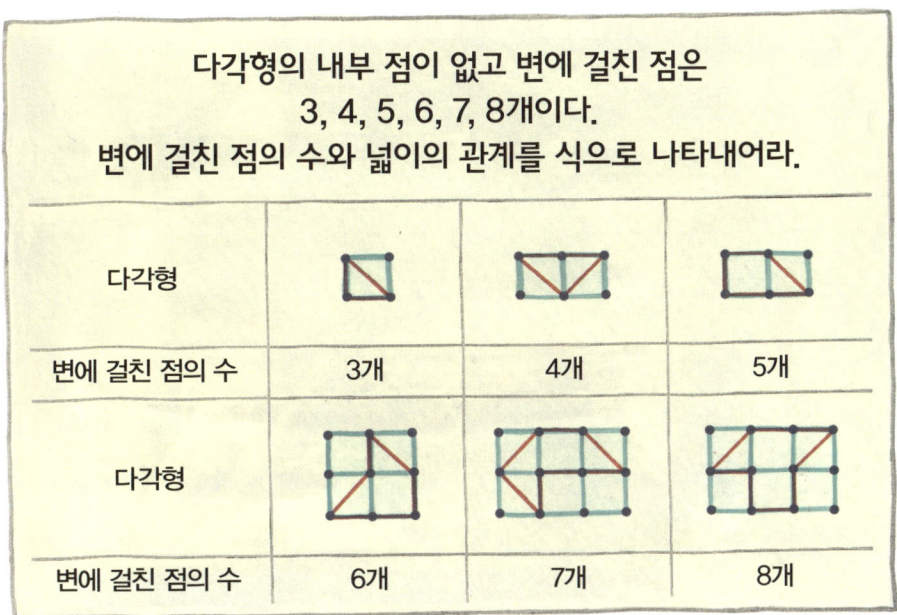

한참을 끼적거리던 세민이가 제일 먼저 손을 들었다.

"찾았어요. 점이 3개면 넓이가 0.5, 4개는 1, 5개는 1.5예요. 그러니까 변에 걸친 점 하나가 많아지면 넓이는 0.5씩 넓어져요. 공식으로 나타내면 (다각형의 변에 걸친 점의 수−2)×0.5입니다."

홍주가 일어서서 말했다.

"틀렸어. 다각형의 변에 걸친 점의 수÷2−1이 맞아."

"무슨 소리야? 내 공식으로 계산해 봐! 틀림없으니까!"

세민이도 지지 않았다.

"조용, 조용! 두 사람 모두 맞았다."

클라우드는 아이들을 진정시켰다.

"교수님, 누구 공식이 맞는 거죠?"

세민이는 자신이 말한 공식이 맞다고 인정받고 싶었다.

"앞으로 나올 다른 공식과 연관을 지어야 하니까 홍주의 공식이 더 정확할 것 같구나. 자, 이 공식만 알면 점판에서 다각형 내부에 점이 없는 경우는 어떤 문제도 풀 수 있겠지?"

"물론이죠!"

홍주가 신이 나서 큰 소리로 대답했다.

클라우드는 전에 아이들이 풀었던 문제를 다시 화면에 띄웠다.

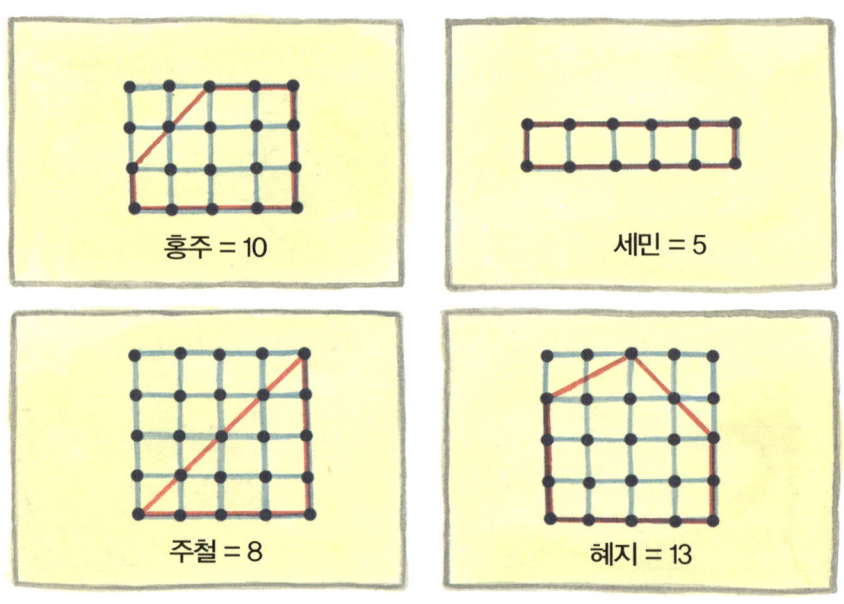

"자, 누구의 다각형이 가장 넓지?"

"혜지요."

82

홍주가 대답했다.

"왜 세민이 다각형은 가장 좁고, 혜지 다각형은 가장 넓을까?"

혜지가 손을 들었다.

"다각형 내부에 점이 많을수록 더 넓은 것 같아요."

"맞았어. 혜지 것은 내부 점이 많아서 가장 넓은 거야. 그렇다면 다각형 내부에 점이 하나 있고, 변에 걸친 점이 3개, 4개, 5개로 점점 많아질 때 도형의 넓이를 알아볼까?"

클라우드가 다시 문제지를 나누어 주었다.

**다각형의 내부 점이 1개이고 변에 걸친 점이 3, 4, 5, 6, 7, 8개이다.
변에 걸친 점의 수와 내부 점의 수,
넓이의 관계를 식으로 나타내어라.**

다각형			
변에 걸친 점의 수	3개	4개	5개
내부 점의 수	1개	1개	1개

다각형			
변에 걸친 점의 수	6개	7개	8개
내부 점의 수	1개	1개	1개

한참 뒤 홍주가 중얼거렸다.

"다각형의 넓이는 변에 걸친 점의 수÷2 하면 나오는데, 이 공식은 아니죠?"

"다각형 내부에 점이 하나 있을 땐, 그 공식이 가능하지만 점이 많아질 때를 생각해야 해."

"쳇, 그깟 공식 하나 맞혔다고 수학 박사라도 된 줄 아네."

세민이가 홍주에게 시비를 걸었지만 홍주는 대꾸도 하지 않고 문제에만 집중했다.

"교수님, 찾았어요. 내부에 점이 있는 다각형의 넓이는 (변에 걸친 점의 수÷2)+(내부 점의 수-1)입니다. 내부에 점이 2개, 3개, 4개일 경우에도 이 공식으로 계산해 봤는데 모두 맞았어요."

이번에는 세민이가 의기양양하게 말했다.

"무슨 공식이 그렇게 복잡해?"

혜지가 투덜거리자 세민이가 말했다.

"문제지 윗부분을 읽어 봐. 변에 걸친 점의 수와 내부 점의 수로 다각형의 넓이를 계산하라고 했잖아."

"오늘 공부는 세민이 때문에 빨리 끝날 것 같구나. 게오르그 알렉산더 픽이 이 공식을 발견했단다. 이 공식만 알고 있으면 점판의 모든 다각형 넓이를 계산해 낼 수 있을 거다. 자, 뒷장 문제까지 다 푼 사람은 숙소로 가서 쉬어도 좋다."

홍주와 혜지가 세민이를 향해 엄지손가락을 세우며 말했다.

"세민아, 정말 대단해."

홍주의 칭찬에 세민이가 멋쩍은 듯이 씩 웃었다.

아이들은 복잡하게 이은 다각형 문제도 거침없이 풀었다.

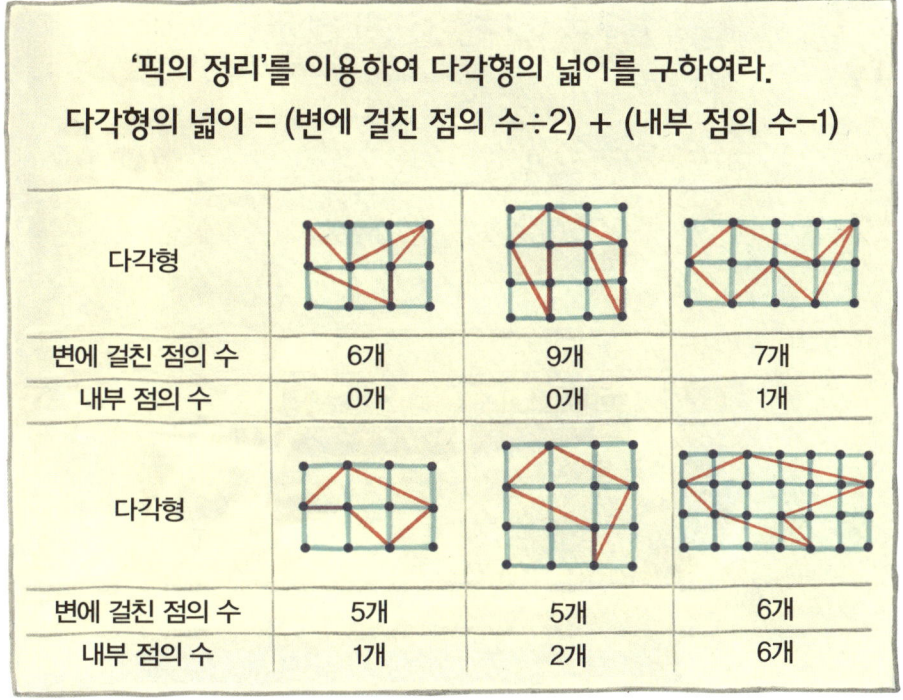

"교수님 다 풀었어요."

계산을 마친 혜지가 주철이를 돌아보았다. 주철이도 다 풀고 앉아 있었다.

"벌써? 다들 대단하구나."

클라우드가 아이들의 문제지를 보고 말했다.

"문제가 쉽잖아요. 모든 수학이 이렇게 쉬우면 좋겠어요."

"이건 쉬운 문제가 아니야."

"에이, 괜히 기분 좋으라고 그러시는 거죠?"

클라우드는 대답하는 대신 활짝 웃었다.

"좋아. 혜지가 (1)번부터 차례로 답을 말해 보렴."

혜지가 다각형의 넓이를 불렀다.

"(1)번 2, (2)번 3.5, (3)번 3.5, (4)번 2.5, (5)번 3.5, (6)번 8입니다."

"다른 사람들도 혜지가 불러 준 답과 같니?"

"네. 같아요!"

아이들의 힘찬 대답이 강의실 안에 울려 퍼졌다.

"모두 정답이다!"

아이들이 컨테이너 강의실에 모였다. 지난번처럼 모니터 화면은 UFO처럼 납작한 돔에서 멈추었다.

"이게 바깥쪽의 제1돔이야. 높이 808미터, 폭이 108킬로미터로 추정되며, 사하라 사막의 중앙부와 티베스티 산맥을 중심으로 막이 형성되어 있지. 돔 안에는 오아시스가 있어서 원주민들이 유목 생활을 하고 있는데, 이 사람들은 자신들이 돔 안에 살고 있다는 것조차 모르고 있어. 다시 말해서 막이 없는 것처럼 누구나 자유롭게 드나들 수 있는데 외부의 공격이 있을 땐 이 돔이 공격을 모두 막아 주지."

화면이 바뀌면서 제1돔의 안쪽 한가운데에 탁구공을 잘라 엎어 놓은 듯한 반구형의 작은 돔이 나타났다. 앤더슨이 레이저 빔으로 작은 돔을 가리켰다.

"이것이 제1돔 안에 있는 제2돔이다. 이 영상은 우연히 특수 렌즈를 끼고 주위를 살펴보다가 촬영한 거야."

끝없는 사막이 화면에 나타났다. 머리에 터번을 두른 남자가 비틀거리며 낙타의 뒤를 따라가고 있었다. 잠시 뒤 앞서 가던 낙타가 머리부터 보이지 않더니 공기 속에 흡수되듯이 사라졌다.

앤더슨이 손짓을 하자 화면이 멈추었다. 사막은 그대로였고, 바뀐 건 아무것도 없었다. 다만 낙타의 몸 절반은 잘려 있었고, 남자는 낙타 뒤에 서 있었다.

"이 지점이 제2돔이 형성된 곳이고, 이곳의 지하가 그들이 생활하는 본거지란다."

앤더슨이 잘려져 나간 낙타의 등을 레이저 빔으로 가리키며 다른 화면을 띄웠다.

"이 영상은 너희들이 눈에 끼고 있는 특수 렌즈를 카메라의 렌즈에 부착해 촬영한 거야. 이걸 보면 낙타가 돔 안으로 들어가는 모습을 볼 수 있지."

화면에 옅은 초록색 점이 모이더니 돔이 나타났다. 낙타는 돔에 가까이 다가가도 멈추지 않았다. 그대로 가다간 낙타의 머리가 돔에 부딪칠 것 같았다. 그런데 낙타는 마치 마법처럼 초록색 벽 속으로 들어가 버렸다. 닉타가 들어간 곳에는 흔적이 남지 않았고 초록색 벽은 처음 그대로였다.

"이제 이해가 되겠지. 시그마델타(ΣD)라는 특수한 전자파와 감마(Γ)선을 이용해 만든 돔이야. 특수 렌즈를 끼고 볼 때만 돔이 보이지."

"돔 속으로 들어간 낙타는 어떻게 되었나요?"

세민이가 물었다.

"아직 알아내지 못했다. 이론상으로는 강력한 열에 의해 사라졌을 거라고 추측하고 있지."

앤더슨은 탁자에 놓여 있는 물을 한 모금 마신 다음에 설명을 이었다.

"이건 제2돔 안에 있는 시설인데, 햇볕이 강한 낮엔 다른 모습으로 변해. 너희들은 이 시설물 바로 옆에 착지하게 될 거야."

화면에 검고 작은 점이 보였다. 점은 시간이 지나자 꽃이 피듯이 점점 넓어지더니 둥근 접시 모양을 이루었다.

"이 물체가 태양 에너지를 모아 지하로 보내는 역할을 하는 것으로 보고 있단다. 그렇다면 어딘가에 지하로 내려가는 출입구가 있을 거야. 너희들은 그 출입구를 찾아서 잠입해야 해."

앤더슨이 말없이 앉아 있는 아이들을 둘러보고 말했다.

"오늘은 여기까지 하자. 내일은 TMT 시험 탑승을 할 예정이니 다들 숙소로 돌아가서 푹 자도록 해."

앤더슨이 애써 밝은 표정으로 아이들을 돌려보냈다.

앤더슨은 무거운 발걸음으로 훈련 본부에 걸어 들어갔다. 강 교수는 훈련 본부에서 어두운 창밖을 내다보고 있었다.

"어렵겠지만 이젠 결단을 내려 주셔야 할 것 같습니다."

두 사람 사이에 침묵이 흘렀다.

"제 결정에 아이들의 목숨이 달린 건가요?"

"아이들이 무사히 임무를 완수할 거란 걸 교수님도 믿으시잖아요. 또 아이들도 스스로 가겠다고 결정했고요."

"그래도 부모 마음은 그게 아니잖아요."

다시 침묵이 흐르고 한참 시간이 흐른 뒤 강 교수가 어렵게 입을 열었다.

"보낼게요."

앤더슨이 강 교수의 두 손을 꽉 잡았다.

"감사합니다. 아이들의 안전을 위해 최선을 다하겠습니다."

그때 혜지는 밤늦도록 잠이 오지 않아 바닷가로 나가 둥근 달을 바라보았다. 오늘따라 아빠가 더 보고 싶었다.

'아빠는 지금 어디 계실까? 이럴 때 엄마를 혼자 두고 떠나야 한다니!'

혜지는 흘러내리는 눈물을 손등으로 닦았.

아이들을 보내기로 결정하고 마음이 편치 않아 바닷가로 향하던 강 교수는 혼자 앉아 있는 혜지를 보았다. 강 교수는 먼발치에

서 혜지의 뒷모습을 바라보자 왈칵 눈물이 쏟아졌다. 남편이 실종된 뒤, 혜지는 강 교수에게 애써 밝은 표정을 보였다. 이번에도 힘든 결정을 내리고 속으로 삭이고 있을 혜지를 생각하니 강 교수의 가슴은 더욱 아려 왔다. 그의 마음을 아는지 모르는지 달빛은 유난히 밝고 환하게 빛났다.

혜지는 발길을 돌려 방으로 돌아왔지만 여전히 잠이 오지 않았다. 혜지는 한동안 창문으로 쏟아져 들어오는 달빛을 받으며 침대 위에 오도카니 앉아 있었다.

오메가 슈트의 놀라운 기능

다음 날 아침, 식사가 끝나고 아이들은 앤더슨을 따라 헬리콥터에 올랐다. 하늘에서 내려다보니 여러 중장비들이 모래밭에 모여 있었다.

"돔을 없애려는 건가요?"

세민이의 질문에 앤더슨이 말했다.

"오늘 이모를 엠파이어 본부로 떠나니까 이젠 필요 없겠지."

"오늘요? 이렇게 빨리요?"

홍주가 놀라서 물었다.

"시간이 없어서 날짜가 당겨졌단다."

아이들은 잠시 동안 말이 없었다.

강 교수의 연구실에 도착하자 앤더슨이 아이들에게 팸플릿을 한

권씩 나누어 주었다.

"너희들이 거기 가서 해야 할 임무가 적혀 있단다. 잘 기억해 둬."

앤더슨이 팸플릿을 넘기며 설명했다.

"첫 번째 임무다. 오메가 슈트의 옆구리에 초록색 캡슐 보이지? 지금 하나씩 떼어 먹어라."

"이게 뭔데요?"

홍주가 캡슐을 들고 물었다.

"그 캡슐에는 살아 있는 균이 들어 있다. 그걸 먹으면 백혈구가 증가하고 마음이 안정되어 집중력이 좋아지지. 사실 그 캡슐은 전파를 차단해 주는 잼이야. 그걸 먹지 않고 놈들에게 잡힌다면 그들의 노예가 되고 말지."

앤더슨의 말에 아이들은 캡슐을 입에 넣었다.

"야! 입에서 살살 녹아요. 그런데 무슨 약이 이렇게 많아요?"

홍주가 물었다.

"그곳엔 납치된 사람들이 많을 거다. 나머진 그 사람들 몫이다."

"잼이 부족하면요?"

"좋은 질문이다. 잼은 번식력이 강한 균이야. 음식에 하나만 넣어 여러 사람이 나누어 먹어도 똑같은 효과를 볼 수 있지. 그러니 너희들이 가지고 있는 잼으로도 충분할 거야."

앤더슨이 두 번째 임무를 말했다.

"이번엔 오른쪽 팔에 붙어 있는 12번 버튼을 찾아봐라."

"DNA 판별 신호곡요?"

"그래. 세민이가 잘 찾았구나."

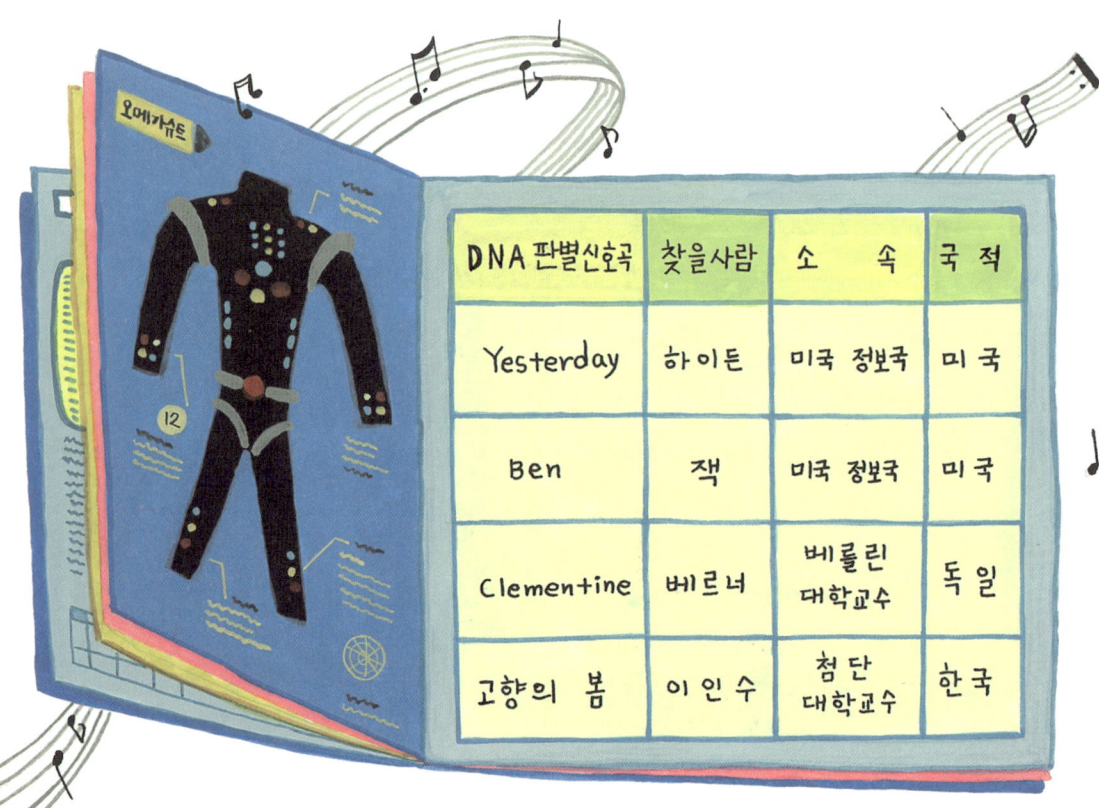

팸플릿을 보던 혜지가 놀라며 물었다.

"이인수? 이분은 누구시죠? '고향의 봄'이 신호곡이네요."

"이인수는 첨단대학 교수님이다."

"아빠도 고향의 봄을 자주 불렀는데……."

혜지는 이인수 교수가 혹시 아빠가 아닐까 생각했다. 아빠가 납치되었다는 것은 상상도 하기 싫었지만 뭔가 의심스러웠다.

앤더슨이 팸플릿을 넘기며 계속 설명했다.

"자, 12번 버튼을 눌러 봐라."

아이들이 보라색 12번 버튼을 누르자 음악 소리가 들렸다. 예스터데이(Yesterday)였다. 음악 소리는 점점 커졌다. 그때 가슴에 '하이든'이라는 이름표를 단 연구원이 강의실로 들어왔다.

"저 연구원은 '하이든'의 머리카락을 들고 있단다. 이처럼 찾을 사람이 90미터 안에 있으면 DNA를 인식하고 신호곡이 들릴 거야. 그렇게 해서 목표물을 찾으면 잼을 주어라. 그리고 미국 정보원에겐 파란 캡슐도 함께 주도록 해라."

앤더슨은 혜지를 바라보았다. 강 교수는 남편이 이모를 엠파이어에 납치되었다는 사실을 혜지에게 비밀로 해 달라고 부탁했다. 혜지가 아빠의 납치 사실을 알면 위험을 무릅쓰고 찾아 헤맬 것이고, 그러다가 혜지까지 위험에 빠질 수 있을 거라고 생각했다. 그래서 양영욱이란 이름 대신 이인수라는 이름으로 바꾼 것이었다.

앤더슨이 세 번째 임무를 말했다.

"지하에 있는 시설물 근처를 집중 촬영하는 걸 절대 잊지 마라."

"18번 버튼을 누르면 자동으로 촬영되지요?"

주철이가 물었다.

"그렇지."

앤더슨의 설명은 계속되었다.

"자, 이젠 이 캡슐을 볼까? 이건 그곳에서 음식을 대신하는 캡슐이다."

"세상에! 이게 밥 대신이라고요?"

홍주가 소리쳤다.

"너희들, 우주 음식이라고 들어 봤지? 이 캡슐도 그런 종류지."

그러고는 앤더슨이 빨간 캡슐을 들었다.

"이 캡슐은 장애물을 소리 없이 폭파할 수 있지. 나가서 폭파 실험을 해 볼까?"

혜지가 앤더슨을 따라가면서 물었다.

"위험하지 않아요?"

"전혀 위험하지 않아. 이 캡슐 자체로는 절대 폭발하지 않거든."

강의실 뒤편에는 작은 창고가 있었다. 창고 안에는 콘크리트, 철판, 나무, 흙으로 만든 벽이 세워져 있었다. 앤더슨이 철판 쪽으로 걸어가며 말했다.

"일단 폭파하고 싶은 모양과 크기를 빨간 캡슐로 먼저 그리는 거야. 이때 명심할 것은 선이 모두 연결되도록 그려야 해."

앤더슨은 빨간 캡슐로 철판에 사각형을 크게 그렸다.

"이제 캡슐 양 끝을 잡고 세 바퀴를 돌린 다음, 그어 놓은 빨간 선 위에 붙이는 거야."

앤더슨이 설명하면서 캡슐을 선에 댔다. 캡슐은 자석이라도 붙은 것처럼 철판에 딱 달라붙었다.

"이제 철판에서 떨어져서 다섯까지 세어 봐."

아이들은 멀리 떨어져서 두 손으로 귀를 막고 숫자를 세었다. 빨간 선에서 불꽃이 튀더니 파란 빛으로 변했다. 아이들은 잔뜩 겁먹은 얼굴로 서로를 바라보았다.

앤더슨이 아이들을 빙 둘러보더니 불꽃이 사라진 철판을 손으로 툭 밀었다. 철판이 쩍 소리를 내며 그려진 모양대로 떨어져 나갔다.

"폭발음이 크게 들리게 할 수도 있어. 이번엔 혜지가 그려 볼래?"

혜지는 천천히 콘크리트 벽에 다가가 타원을 그렸다.

"됐어. 이제 캡슐 양 끝을 잡고 여섯 바퀴를 돌린 다음 빨간 선에 붙여 봐."

모두 뒤로 물러서자 홍주가 큰 소리로 숫자를 세었다. 잠시 뒤 '쿵' 소리와 함께 벽이 내려앉았다.

"이건 여러 번 돌릴수록 폭발음이 커지고 폭파력도 커지지. 어떻게 쓰는지 다들 알겠지?"

아이들은 고개를 끄덕였다.

"그런데 번호가 적힌 캡슐은 뭐예요?"

주철이가 물었다.

"그건 폭파하려는 것에 끼워 넣고 원하는 시간에 폭파시킬 수 있도록 만든 캡슐이야."

"그럼 시한폭탄이에요?"

"시한폭탄은 시간 제한이 있지만, 이건 터트리고 싶을 때 언제든지 터트릴 수 있지. 한 가지 단점은 전파를 이용하기 때문에 거리가 너무 멀면 안 된다는 거야."

그 밖에도 오메가 슈트에는 불을 붙이는 기능과 적외선 기능, 지문이나 목소리를 복사하는 기능 등 여러 가지 특수한 기능이 있었다. 아이들은 진지하게 슈트의 기능을 익혀 나갔다.

실험이 끝나고 아이들은 앤더슨을 따라 다시 강 교수의 연구실로 갔다. 연구원이 둥근 봉을 앤더슨에게 건넸다. 앤더슨은 아이들에게 봉을 하나씩 나누어 주었다.

"이건 귀환용 에코(Echo)야. 이 파란 버튼을 4초 이상 누르면 언제 어디서든 귀환할 수 있단다."

"위험하면 귀환해도 되는 거죠?"

"에코의 뜻이 뭐지?"

앤더슨이 세민이에게 되물었다.

"산울림이에요."

"그래. 산울림이 바로 되울리듯이 위험하면 에코를 눌러 바로 귀환하도록 해라."

아이들은 에코를 배낭에 넣고 앤더슨을 따라 TMT실로 들어갔다. 강 교수가 긴장된 표정으로 기다리고 있었다.

"앤더슨, 지금 출발시키는 건가요?"

강 교수의 말에 홍주가 울상이 되어 말했다.

"집에 전화하고 가면 안 돼요?"

"금방 돌아올 거야."

강 교수는 아이들을 한 명씩 다정하게 안아 주었다.

"너희들이 예전에 TMT를 타고 여행했을 때와는 많이 달라졌어. 그땐 프로그램 안에서만 여행했지만 지금은 아니야. 이건 실제 상황이고 현실이라는 걸 잊어선 안 돼. 무슨 말인지 알겠니?"

아이들은 고개를 끄덕였다.

"탑승 신고는 누가 할래? 혜지가 할 수 있겠어?"

혜지가 고개를 끄덕였다.

혜지는 TMT에 이름과 출발 시간을 입력했다.

「TMT 탑승을 환영합니다. 양·혜·지 님이신가요?」

부드러운 소리가 TMT에서 흘러나왔다.

혜지가 '예'를 클릭했다.

「양손을 올려 주세요.」

혜지가 화면에 양손을 올렸다.

다음은 주철이 차례였다. 강 교수가 주철이에게 손짓을 했다. 뒤이어 세민이와 홍주도 탑승 신고를 마쳤다.

「이미 검증된 사람들입니다. 즐거운 여행 되세요.」

넓은 엘리베이터 모양의 TMT 문이 열렸다. 주철이가 가장 먼저 가운데 탑승용 의자에 앉았다. 세민이는 망설이다가 마지막으로 자리에 앉았다.

아이들이 눈을 감았다. 강 교수는 마지막까지 컴퓨터 앞에 앉아 아이들의 모습을 지켜보았다.

수정처럼 맑은 화면에 '11 : 18 : 36'이라는 숫자가 지나갔다.
아이들은 몸이 가벼워지면서 거침없이 위로 솟구치다가 아래로 곤두박질쳤다. 무지갯빛 터널을 지나고 끝이 보이지 않는 낭떠러지로 떨어졌지만 무섭지 않았다.
솜털처럼 부드러운 구름 사이로 검푸른 바다가 펼쳐졌다. 혜지가 주철이에게 손을 내밀었다. 주철이가 혜지의 손을 잡아 주었다. 끝없는 바다를 지나자 점점 주위가 어두워지더니 아이들은 습기가 가득한 동굴에 내려 섰다. 동굴 속은 1미터 앞도 보이지 않을 정도로 어두웠다. 주철이가 버튼을 눌러 불을 밝히자 주위가 환해졌다.
"난 이모틀 킹이다. 너희들은 누구냐냐냐?"
갑자기 거칠고 음산한 목소리가 동굴에 쩌렁쩌렁 울렸다. 혜지와 세민이는 두려움에 몸을 떨었다.
그때였다. 어두운 동굴 안쪽에서 푸른 불빛이 번쩍이더니, 녹색 괴물들이 형체를 드러냈다. 녹색 괴물들은 생각했던 것보다 훨씬 창백하고 괴이한 모습이었다.
"너희들은 누구냐? 신분을 밝혀라라라라!"
소름 끼치는 목소리는 사방에서 들려왔다.
"어떻게 이렇게 빨리 발각된 거지? 이젠 어떡하지?"

주철이가 물었다.

"저, 저기, 우리 에코로 당장 귀환하자!"

세민이는 저도 모르게 에코의 파란 버튼을 눌렀다. 하지만 몸이 사라지지 않고 그대로였다.

"왜 이러지?"

세민이가 에코의 파란 버튼을 다시 눌렀다. 에코는 고장이 났는지 작동되지 않았다.

"모두 엎드려!"

주철이가 소리치며 바닥에 엎드렸다. 새파랗고 강렬한 빛이 천장과 벽에서 나와 곧장 아이들에게 다가왔다.

"보호막!"

홍주가 27번 버튼을 누르며 소리쳤다.

다른 아이들도 급히 버튼을 눌렀다. 둥근 막이 온몸을 감쌌다. 빛이 보호막에 닿자 '지직, 찌직, 찌직' 소리를 내며 지나갔다.

"벽! 벽이……."

세민이가 파랗게 질린 얼굴로 소리쳤다. 양쪽 벽이 서서히 다가왔다. 아이들은 가운데로 몰려서 더 이상 피할 곳이 없었다. 한가운데서 우왕좌왕할 때 벽이 멈추었다.

"무슨 일로 이곳에 왔지? 사실대로 말하지 않으면 벽을 다시 작동시킬 것이다다다디!"

음산한 목소리가 다시 들렸다.

"우린 지진과 해일을 막으려고 왔다."
홍주가 애써 두려움을 감추며 소리쳤다.
"호호호호! 지진과 해이이이일?"
다시 벽이 움직였다. 전보다 훨씬 빨라졌다.
이젠 몸을 움직이기조차 힘들었다. 겨우 1미터밖에 되지 않는 좁은 벽 사이에 낀 아이들은 천장을 올려다봤다. 천장은 그리 높지 않았다.

"저길 봐! 물이야!"

동굴 안쪽에서 엄청난 해일이 넘실대며 밀려왔다. 당장이라도 아이들을 덮칠 것 같았다.

"비행!"

주철이가 소리치며 돌았다. 몸이 떠올랐지만 천장이 낮아 높이 날 수가 없었다. 다행히도 해일은 아슬아슬하게 발을 스치고 지나갔다.

다시 목소리가 들렸다.

"죽고 싶지 않거든 이곳으로 들어와라라라라!"

갑자기 단단하게 막혀 있던 벽이 벌어지면서 통로가 나타났다.

"우린 들어가지 않겠다."

주철이가 소리쳤다.

"그렇다면 무덤으로 보내 주지지지지!"

말이 끝나기 무섭게 천장이 흔들리더니 바위가 떨어졌다. 주철이는 어찌할 바를 몰라 눈을 감아 버렸다. 혜지의 날카로운 비명이 들려왔다.

잠시 뒤 주철이가 눈을 떴을 때는 홍주와 세민이는 보호막 속에서 눈만 말똥거리고 있었고, 혜지는 동굴 바닥에 축 늘어져 있었다. 주철이는 겨우 몸을 일으켜 혜지의 어깨를 흔들었다. 혜지가 눈을 떴다.

그때 목소리가 다시 들렸다.

"너희에게 문제를 내겠다. 이 문제를 맞힌다면 목숨만은 살려 주지지지지."

아이들이 서둘러 공책과 펜을 꺼내 목소리에 집중했다.

"자신이 태어난 해에 10000을 곱해라. 또 자기가 태어난 달에는 100을 곱한 다음 더해라라라라."

기괴한 목소리가 계속 문제를 불렀다. 아이들은 문제를 받아 적고는 빠르게 계산했다.

"앞에 있는 녀석부터 계산한 답을 말해라라라라."

주철이가 답을 말했다. 나머지 아이들이 차례대로 답을 말하자 목소리가 다시 들려왔다.

"생일이 3월 6일, 4월 25일인 사람은 왼쪽 통로로, 9월 18일, 11월 29일인 사람은 오른쪽으로 가라라라라!"

"우린 들어가지도 흩어지지도 않겠다."

주철이가 당차게 소리쳤다.

"그곳에서 움직일 수 있을까? 얼마나 버티는지 보겠다다다다!"

잠시 주위를 살피던 주철이가 천장을 향해 다시 날아올랐다. 그리고 천장을 주먹으로 두드리자 텅 빈 것처럼 울렸다.

"어쩌면 천장 위가 사하라 사막일지도 몰라."

홍주가 천장을 올려다보며 말했다.

주철이가 천장을 힘껏 밀었다. 그 순간 천장이 쉽게 열렸다. 주철이가 머리를 밖으로 내밀자 많은 사람들이 주철이를 내려다보고 있었다. 어리둥절해하는 주철이를 피터가 끌어 올렸다. 주철이가 밖으로 나오자 연구원이 줄사다리를 밑으로 내려 아이들을 올려 주었다.

"어떻게 이럴 수 있어요!"

주철이의 말에 피터가 웃으며 말했다.

"너희들의 안전을 위해 만든 모의 훈련이야."

"아무리 그래도……. 우린 죽는 줄 알았다고요!"

세민이가 피터에게 투덜거렸다.

"이모틀 엠파이어에 가면 어떤 상황이 닥칠지 모른다. 살아 돌아오려면 이보다 더한 훈련도 참고 받아야 해. 아직 넘어야 할 과제가 많았는데 너무 빨리 탈출해서 섭섭하구나."

"그런데 어떻게 해일이며 바위가 쏟아질 수 있어요?"

혜지가 피터에게 물었다.

"그건 영상이었다. 잘 보렴. 전혀 다친 곳이 없잖아."

"에이, 거짓말! 영상이면 어떻게 오메가 슈트에 물이 묻겠어요?"

홍주가 말했다.

"물이 묻었다고? 만져 봐."

피터의 말을 믿지 못한 아이들이 슈트의 발목 부분을 만져 보았다. 물이 묻은 흔적이 없었다.

"지 모니터로 우릴 보면서 웃있겠네요?"

주철이가 가리킨 모니터에는 연구원들이 지하에서 줄사다리를 끌어 올리고 있었다.

"너희들이 TMT로 태양 에너지 집열판까지 정확하게 이동할 수 있는지 실험한 거야. 이것으로 훈련은 모두 끝났다. 이제 정말로 이 모틀 엠파이어에 가게 될 거야."

"참, 에코가 작동을 안 하던데요?"

세민이가 피터에게 물었다.

"잠시 동안 작동하지 않게 해 두었지. 이제 될 거야. 에코를 눌러 곧바로 연구실로 귀환해라. 우린 헬리콥터로 갈 거니까."

아이들이 에코의 파란 버튼을 눌렀다.

TMT에 오르다

"클라우드 교수님! 생일 계산하는 문제, 어떻게 하신 거예요? 가르쳐 주세요."

클라우드를 보자마자 혜지가 물었다.

"이건 상대가 자신의 생년월일을 계산한다는 것을 눈치채지 못하게 하고, 불러 준 대로 계산하게 하는 것이 중요해. 혜지는 생년월일이 어떻게 되지?"

"2001년 11월 29일이에요."

클라우드가 혜지의 생년월일을 화면에 띄웠다.

"상대에게 자신이 태어난 해에 10000을 곱하고, 태어난 달에는 100을 곱한 다음 더하라고 하는 거야. 혜지의 생년월일로 계산하면 20011100이 될 거다."

클라우드는 아이들이 계산을 끝낼 때까지 잠시 기다렸다.

"그 수에다 12를 더하고 자신이 태어난 날을 더한 다음, 99를 더하라고 하는 거야. 그리고 답을 묻는 거야. 혜지의 생년월일로 계산하면 얼마가 되지?"

"20011100+12+29+99를 하면 20011240이 나와요."

주철이가 대답했다.

"거기에 111을 빼면, 상대의 생년월일을 알 수 있지."

"111을 빼니까⋯⋯ 20011129. 와! 진짜 2001년 11월 29일이 되네요."

혜지가 신이 나서 박수를 쳤다.

"그런데 교수님, 왜 10000과 100을 곱하고 99와 12를 더하는 거예요?"

홍주가 물었다.

"태어난 해와 달에 10000과 100을 곱한 건, 자릿수를 만들기 위한 거야. 만의 자릿수까지가 태어난 해, 천과 백의 자리가 태어난 달, 십과 일의 자리가 태어난 날이 되는 거지. 그리고 12와 99를 더한 것은 상대에게 눈치채지 못하게 하는 일종의 속임수인데, 12와 99를 더하면 111이 되니까 빼기가 쉽잖아."

"그럼, 문제를 다르게 만들 수도 있겠네요?"

"세민이가 좋은 질문을 했어. ==태어난 해와 달에 10000과 100을 곱한 것만 빼고 나머지는 마음대로 바꿀 수 있지. 또 태어난 년도==

==를 빼 버리고 태어난 월과 일만으로도 문제를 만들 수 있고.=="

아이들이 고개를 끄덕이는 모습을 보고 클라우드가 계속 말을 이었다.

"너희들과 작별 인사만 하려고 했는데 시간이 꽤 흘렀구나. 곧바로 강 교수님 연구실로 가 봐라. 기다리고 계실 거다. 그리고 무사히 잘 다녀와야 한다."

강 교수는 TMT에 연결된 컴퓨터로 탑승 준비를 하고 있었다.

「이동 장소를 입력하세요.」

강 교수가 컴퓨터에 북위 19도 47분 36.18초, 동경 18도 36분 09.27초를 입력했다.

모의 훈련을 한 뒤로 말이 없던 세민이가 말했다.

"출발하기 전에 부모님께 전화할 수 있나요?"

앤더슨이 온화한 표정으로 말했다.

"27호 강의실로 가 봐라. 부모님이 기다리고 계실 거다."

홍주, 세민, 주철이가 27호 강의실을 향해 뛰어갔다.

혜지는 강 교수와 단둘이 남게 되자 강 교수의 품에 뛰어들었다. 강 교수가 혜지의 등을 토닥여 주었다.

"난 아직도 널 그곳에 보내고 싶지 않구나."

"걱정하지 마세요. 엄마가 항상 그랬잖아요. 세상에 꼭 필요한 사람이 되라고. 엄마 아빠의 자랑스러운 딸이 될 거예요."

"그래, 엄만 내 딸을 믿어. 그리고 가장 사랑하고. 다른 사람들이 기다리겠다. 어서 가자."

강 교수가 혜지의 손을 꼭 잡았다.

27호 강의실 바닥에는 근사한 카펫이 깔려 있고, 둥근 식탁에는 만찬이 준비되어 있었다. 아이들은 오랜만에 따뜻한 분위기에서 가족들과 함께 편안하게 식사를 했다.

"아빠! 진짜 재밌는 게 뭔지 알아? 막 공중을 날아다닌 거였어."

홍주가 그동안에 있었던 일을 신이 난 목소리로 말했다.

"대통령께서도 너희들이 자랑스럽대. 무사히 돌아오면 초청하겠다고 하셨단다."

홍주 아빠가 흐뭇한 얼굴로 아이들을 둘러보며 말했다.

"엄마, 우리가 입은 옷이 얼마짜린 줄 알아요? 신형 전투기 9대 값이래요."

세민이가 우쭐해서 말했다.

"이번엔 포기하지 않고 잘할 수 있지?"

"그럼요!"

엄마의 말에 세민이가 웃으며 의젓하게 대답했다.

식사가 끝날 즈음, 앤더슨이 앞으로 나왔다.

"위험한 줄 알면서도 허락해 주신 부모님들께 감사드립니다. 아이들은 잠시 뒤 TMT에 탑승하게 됩니다. 잠깐 시간을 드리겠습니다. 그곳에서 안전하게 임무를 수행할 수 있도록 격려해 주십시오."

앤더슨의 말이 끝나자 혜지가 강 교수의 손을 이끌고 복도로 나갔다.

"엄마, 이인수 교수님이라고 알아?"

"이인수? 처음 듣는 이름인데, 어느 대학 교수님이야?"

"이상하네. 엄마도 모른다면……."

"왜 그러니?"

혜지는 강 교수의 눈을 보면서 말했다.

"DNA 판별 신호곡 중에 아빠가 좋아하던 '고향의 봄'이 있었어. 그런데 그게 이인수 교수님을 판별하는 노래였어."

"아, 첨단대학 이인수 교수님? 그분이라면 잘 알지."

혜지는 엄마가 당황하는 모습을 보고 거짓말을 하고 있다는 것을 눈치챘다.

그때 앤더슨이 강 교수와 혜지에게 다가왔다.

"강 교수님, 가시지요. 시간이 다 됐습니다."

유목들 엠파이어의 본거지

　아이들이 TMT를 타고 도착한 곳은 나무 한 그루, 풀 한 포기 없는 회색빛의 바위산이었다. 깎아지른 듯한 산으로 둘러싸여 아이들은 마치 절벽 속에 갇혀 있는 것만 같았다.

　"여기가 돔 맞아?"

　혜지가 당황한 목소리로 물었다. 바위산은 안개가 자욱해서 축축하고 음산한 기운을 뿜어냈다.

　"여긴 사막이 아닌 것 같은데?"

　홍주도 걱정스러운 얼굴로 말했다. 모니터에서 보던 것과는 전혀 다른 풍경에 주철이도 긴장이 되었다. 여기저기 모래가 쌓여 있기는 했지만 사막처럼 보이지는 않았다.

　"혹시 티베스티 산맥 어디쯤이 아닐까? 일단 저 위로 가 보자. 돔이 보일지도 모르니까."

주철이가 경사가 심하지 않은 건너편 바위산을 가리켰다.

"저길? 떨어지면 어떡해?"

세민이가 잔뜩 겁을 먹고 주저하자 혜지가 단호하게 말했다.

"지금 무서워할 때야? 돔이 어딨는지 빨리 찾아야지!"

혜지는 느슨해진 배낭 끈을 조이고 앞장섰다. 아이들은 한마디 대꾸도 하지 못하고 혜지의 뒤를 따랐다. 건너편 산까지는 굵은 자갈과 모래가 깔려 있어서 걷기가 편했다.

홍주가 갑자기 걸음을 멈추고 큰 소리로 말했다.

"혹시 말야, 여기가 돔이라면 날 수 있는 거 아냐? 저기까지 날아가 보자."

아이들은 오메가 슈트에 부착된 추진력 버튼을 누르고 빠르게 돌았다. 하지만 몸이 떠오르지 않았다.

"안 되는데? 여긴 돔이 아닌가 봐. 앤더슨, 엉터리!"

홍주가 투덜거렸다.

바위산이 가까워질수록 햇볕은 더 뜨거워졌다. 아이들은 완전히 지쳐 발걸음이 느려졌다.

"더 이상 못 가겠어. 좀 쉬었다 가자."

홍주가 자갈밭에 주저앉았다.

"여긴 안 돼. 조금만 더 가면 그늘이 있을 거야."

주철이가 홍주를 부축하며 다시 걸었다. 그러나 산에 오를수록 바위는 용광로처럼 열기를 내뿜었고 숨쉬기도 힘들었다.

"주철아! 세민이가……."

혜지의 다급한 목소리에 주철이가 뒤돌아보았다. 세민이가 자갈밭에 쓰러져 있었다.

"세민아, 일어나! 이대로 있으면 안 돼!"

세민이는 얼굴이 창백했고, 숨을 가쁘게 헐떡이고 있었다. 주철이가 펫 슈트를 벗어 머리 위에 그늘을 만들고, 하얀 캡슐을 세민이 입에 넣어 주었다.

"안 되겠어. 일단 귀환해야겠어."

주철이의 말에 혜지는 울상이 되었다. 가장 믿었던 주철이가 벌써 포기하려고 하다니…….

"여기까지 왔는데 그냥 가자고? 방법을 찾아 보자."

사실 혜지는 꼭 '고향의 봄' 주인공을 찾고 싶었다.

"그럼, 혜지 네가 세민이를 돌보고 있어. 무슨 일이 있으면 소리쳐!"

주철이는 혜지에게 세민이를 맡기고 조금 떨어진 바위 쪽으로 뛰어갔다. 바위에는 좁은 틈이 있었다.

"여길 폭파해서 쉴 곳을 만들자!"

언제 따라왔는지 홍주가 주철이 뒤에서 말했다.

"맞아! 왜 그 생각을 못 했지?"

주철이는 빨간 캡슐을 떼어 내 바위에 타원을 그린 다음 캡슐을 세 번 돌려서 선에 붙였다. '푹' 소리와 함께 바위가 부서졌다. 주철이와 홍주는 부서진 돌덩이를 한쪽으로 치웠다.

"너는 여길 더 깊게 폭파해. 난 세민이를 데리고 올게."

홍주는 틈이 더욱 넓어지도록 바위를 폭파했다. 주철이와 혜지는 세민이를 바위 틈으로 옮겼다. 그곳은 네 사람이 겨우 햇볕을 피할 수 있을 정도의 공간이었다.

"세민아, 괜찮아?"

세민이가 힘겹게 눈을 뜨더니 고개를 끄덕였다.

사막의 밤하늘은 검푸른 빛이었다. 한낮의 열기는 어디로 갔는지 무섭도록 차가운 밤공기가 아이들을 감쌌다. 아이들은 금방이라도 쏟아져 내릴 듯한 별을 보면서 산을 올랐다. 더운 낮보다는 밤에 움직여야 한다는 주철이의 제안에 따라 몇 시간째 바위산을 오르고 있었다.

"별이 이렇게 가까이 있다는 게 신기해."

혜지가 가리킨 하늘에는 수많은 별이 푸른빛을 내며 반짝이고 있었다.

"우리가 있는 곳이 굉장히 높은 곳인가 봐. 봐, 아래쪽에도 별이 있어."

홍주의 말에 주철이가 걸음을 멈추었다.

"이상해. 저건 누군가 불을 켜 놓은 것 같아. 아무래도 날이 밝을 때까지 숨어 있는 게 좋겠어."

아이들은 주위를 둘러보며 숨을 곳을 찾았지만 자갈과 모래뿐이었다.

"그냥 여기 눕자."

혜지가 배낭을 베개 삼아 눕자 세민이와 주철이도 바닥에 벌렁 누워 버렸다. 홍주도 망설이다 주철이 옆에 누웠다.

"주철아, 일어나 봐! 어서, 저기 좀 봐!"

다급하게 부르는 소리에 주철이가 눈을 떴다. 벌써 날이 환하게 밝아 오고 있었다. 저 앞에서 세민이가 손짓을 했다. 주철이는 재빨리 배낭을 둘러메고 세민이가 있는 곳으로 뛰어갔다. 세민이가 서 있는 곳은 아슬아슬한 절벽 위였다. 절벽 아래는 물결 무늬의 모래밭이 끝없이 펼쳐져 있었다. 그리고 멀리 커다란 기둥이 높이 솟아 있었다. 어젯밤에 홍주가 별이 있다며 가리켰던 곳이었다. 잠에서 깬 혜지와 홍주도 뛰어왔다.

"세상에! 정말 사막이네."

혜지가 놀라 소리쳤다. 멀리 지평선에서 붉은 태양이 서서히 떠올랐다. 모래밭은 마치 붉은 바다의 출렁이는 물결 같았다.

"어! 저건 뭐지? 점점 벌어지네."

거다란 기둥의 날개가 태양을 향해 꽃이 피듯이 천천히 벌어졌다. 둥글게 펼쳐진 날개가 능선 아래의 사막을 덮었다. 아이들은 겁이 나서 뒷걸음쳤다.

"우린 지금 돔 안에 있는 게 분명해. 돔이 너무 커서 보이지 않았던 거야."

"그럼 저게 태양 에너지를 모으는 시설이야?"

혜지가 주철이에게 물었다.

"그렇겠지. 저걸 봐! 태양을 향해 천천히 움직이고 있잖아."

"그럼 저곳에 지하로 내려가는 출입구가 있겠네? 더 더워지기 전에 빨리 가 보자."

혜지가 재촉했다. 산 아래를 유심히 살피던 주철이의 눈에 경사진 모래 언덕이 들어왔다. 주철이가 능선을 따라 앞장섰다. 주변에는 붉은 바위들이 조각상처럼 솟아 있었다. 한참을 내려가던 주철이가 걸음을 멈추고 발로 모래를 툭툭 차 보았다. 모래가 스르르 아래로 밀려 내려갔다.

"좋아. 이 정도면 되겠어."

"미끄럼을 타면서 내려가려는 거지? 내가 맨 처음이야!"

홍주가 모래 위에 비스듬하게 눕자마자 순식간에 아래로 미끄러져 내려갔다.

"야 — — 아!"

홍주의 고함소리가 점점 멀어졌다.

혜지와 세민이, 주철이도 모래 위에 드러누웠다. 경사가 심해서 내려갈수록 속도가 더욱 빨라졌다.

홍주가 미끄럼을 타고 내려왔던 산을 올려다보며 말했다.

"와! 저렇게 높은 데서 금세 내려왔네."

태양 에너지 집열판 기둥은 아래에서 보니 더욱 거대해 보였다. 길게 뻗은 검은 날개는 끝이 보이지 않았다.

태양은 점점 높아졌고, 모래에서는 더운 열기가 아지랑이처럼 피어올랐다.

갑자기 혜지가 걸음을 멈추고 산을 올려다보며 발을 동동 굴렀다.

"왜 그래?"

주철이가 걱정스럽게 물었다.

"배낭을 놓고 왔어. 어쩌지?"

"맞다, 내 배낭!"

홍주도 등 쪽을 더듬거리며 소리쳤다.

"홍주 너도?"

주철이가 산으로 눈길을 돌렸다. 다시 산으로 올라갈 수는 없었다.

"됐어. 그냥 가."

주철이가 단호하게 말했다. 혜지가 고개를 저으며 말했다.

"안 돼! 가방에 귀환용 에코랑 여러 물건이 들어 있단 말이야."

"나랑 혜지는 어떻게 귀환해?"

홍주도 걱정스러운 얼굴로 주철이를 쳐다보았다.

"에코는 하나만 있어도 모두 귀환할 수 있어. 세민이 니, 에코 가지고 있지?"

주철이가 물었다. 세민이가 배낭을 흔들어 보였다.

"그럼 됐어. 그냥 가자."

태양 에너지 집열판이 가까워지자 아이들의 걸음이 빨라졌다.

"여긴 진짜 시원하다."

홍주가 집열판 그늘 아래에 털썩 주저앉았다. 집열판의 날개는 새의 날개 깃털처럼 서로 겹쳐져 있었다. 아이들은 회색빛 기둥 벽을 따라 걸었다. 둥근 기둥이었지만 얼마나 큰지 가까이 다가갈수록 평면처럼 보였다.

"저게 문이 아닐까? 움푹 들어가 있잖아."

혜지가 가리키는 곳은 이음새가 없는 벽이 가로 6미터, 세로 4미터의 크기로, 10센티미터 정도 안쪽으로 들어가 있었다. 오른쪽 모서리에는 작은 유리컵을 박아 놓은 것 같은 알록달록한 버튼 세 개가 있었다.

주철이가 조심스럽게 위쪽에 있는 녹색 버튼을 눌렀다. 갑자기 벽면에 둥근 구슬들이 일정한 간격으로 솟아올랐다.

"왜 다각형은 없고 구슬만 솟아오르지?"

세민이가 말했다.

"그럼 노란색 버튼도 눌러 봐."

혜지의 말에 주철이가 버튼을 눌렀다. 철판 위쪽에 글자가 선명하게 나타났다. 이어서 파란 빛을 내는 구슬과 선이 연결되면서 다각형이 만들어졌다. 곧이어 다각형 아래에는 숫자가 새겨진 버튼도

나타났다.

"이건 픽의 정리야. 구슬의 개수를 불러 봐!"

세민이가 공책을 꺼내며 말했다.

"다각형 변에 걸친 구슬이 6개, 다각형 내부엔 구슬이 4개야."

세민이가 '픽의 정리'를 쓰고 계산을 했다.

"<mark>다각형의 넓이=(변에 걸친 점의 수÷2)+(내부 점의 수-1)</mark>이니까 (6÷2)+(4-1)=6이 돼. 그럼 넓이는 6이야."

주철이가 재빨리 6번 버튼을 눌렀다.

순간 움푹 들어갔던 벽이 열리면서 넓은 공간이 나타났다. 공간 안쪽 벽에는 엘리베이터처럼 층 버튼이 있었다. 주철이가 먼저 안으로 들어가고 다른 아이들도 따라 들어갔다.

「무기 없음. 인하 물질 없음. 공해 물질 없음.」

어디선가 기계음이 들리더니, 벽이 닫히면서 향기로운 바람과 함께 사방에서 안개가 뿜어져 나왔다.

"이게 독은 아니겠지?"

홍주가 코를 킁킁거리며 말했다.

"이것 봐! 지하 54층까지 있어. 몇 층을 누를까?"

혜지가 말했다. 벽에는 버튼이 '0'을 중심으로 위쪽은 1부터 18까지, 아래쪽은 1부터 54까지 있었다.

"깊이 내려가면 위험할 수도 있어. 지하 1층이나 2층을 눌러 봐."

주철이의 말에 혜지가 조심스럽게 지하 2층을 눌렀다.

순식간에 문이 열리고 아이들은 주위를 살피며 밖으로 나갔다. 끝이 보이지 않는 통로가 양쪽으로 이어져 있었다.

"저길 봐!"

세민이가 가리키는 곳에서 자동차 모양의 하얀 물체가 빠르게 다가왔다.

"빨리 투명 옷! 절대 움직이면 안 돼!"

주철이의 다급한 말에 아이들이 버튼을 눌렀다.

바퀴도 핸들도 없는 길쭉하고 둥그스름한 물체에는 녹색 괴물이 타고 있었다. 녹색 괴물은 아이들 옆을 소리 없이 지나가더니 녹색 판이 붙어 있는 벽에서 멈췄다. 녹색 괴물이 녹색 판에 손을 대자 벽은 사라지고 긴 통로가 다시 이어졌다. 녹색 괴물이 안으로 들어가자 벽은 다시 닫혔다. 녹색 괴물의 뒤를 쫓던 주철이가 재빨리 44번 버튼을 눌러 녹색 괴물의 지문을 복사했다. 그리고 다시 녹색 판에 복사한 지문을 대자 벽이 열렸다. 녹색 괴물은 어디로 갔는지 보이지 않았다.

주철이는 통로에 아무도 없는 것을 확인하고 안으로 들어갔다. 안쪽 벽에 2-4라고 적힌 파란 버튼이 있었다. 주철이가 버튼을 누르자 문이 스르르 열렸다. 그곳은 텅 빈 방이었다.

주철이는 아이들이 있는 곳으로 돌아와 말했다.

"숨을 곳을 찾았어. 따리외!"

베르너 교수를 만나다

"여기 계속 있어야 해? 누가 오면 어떡해?"

세민이는 가만히 있지 못하고 방 안을 서성거렸다.

"조금만 기다려 봐. 무슨 방법이 있겠지."

2-4호 방에 숨은 지도 이틀이나 지났다. 아이들은 지친 몸을 벽에 기대고 누웠지만 잠을 이루지 못했다. 방은 눈이 부시도록 환해서 시간을 가늠할 수도 없었다.

"우리 그냥 돌아가면 안 될까? 오메가 슈트도 아무 소용이 없잖아. 음악 소리도 들리지 않고."

홍주가 지친 표정으로 말했다.

"그건 안 돼! 여기까지 와서 그냥 돌아갈 순 없어!"

혜지는 '고향의 봄' 주인공을 못 찾으면 돌아가지 않을 작정이었다.

"너희들은 여기서 기다려. 다른 통로를 찾아보고 올게. 흩어지면 절대 안 돼. 귀환용 에코도 두 개밖에 없으니까."

주철이가 아이들에게 단단히 주의를 주고 방을 나섰다.

중앙 통로는 고요했다. 앞쪽에서 다리가 긴 괴물이 목발을 짚고 걸어가고 있었다. 주철이는 조심스럽게 그 뒤를 따랐다. 그때 주철이의 귀에 '클레멘타인(Clementine)'이 희미하게 들렸다. 걸을수록 노랫소리는 선명해졌다. 녹색 괴물이 2-38호 방 앞에서 파란 버튼을 눌렀다. 주철이는 재빠르게 투명 인간이 되는 버튼을 누르고 뒤따라 방으로 들어갔다. 방에는 갈색 머리카락을 어깨까지 늘어뜨린 남자가 앉아 있었다. 녹색 괴물이 휴대 전화처럼 생긴 기계를 내밀었다. 남자가 기계의 버튼을 누르자 수학 문제가 벽에 나타났다.

파란 격자 안의 숫자 9개를
오른쪽 빈 격자 안에 넣어 가로, 세로, 대각선의
숫자의 합이 같도록 하여라.

N월

일	월	화	수	목	금	토
					1	2	3
4	5	6	7	8	9	10
11	12	13	14	15	16	17
18	19	20	21	22	23	24
25	26	27	28	29	30	31

"이건 마방진 문제군. 중간에 숫자가 빠져 있어도 가로, 세로, 대각선의 합이 같도록 해야 하는 거겠지?"

남자의 질문에도 녹색 괴물은 가만히 서 있었다. 그때 남자가 들고 있던 기계 화면에 녹색 괴물의 생각이 영상으로 나타났다.

"합이 39라고? 문제가 성립되는지 일단 풀어 보지."

다시 화면에 괴물의 생각이 떠올랐다.

"이 문제가 성립되면 중앙 엘리베이터 열쇠판에 올려 달라고?"

남자가 화면을 보고 중얼거리자 녹색 괴물은 말없이 기계를 되돌려 받고 방을 나갔다.

녹색 괴물이 사라진 것을 확인하고 주철이가 남자 앞에 모습을 드러냈다.

"뭐야! 너, 너, 어디서…… 아니, 여긴 어떻게 들어왔지?"

남자가 놀라서 소리쳤다.

"저, 혹시 베르너 교수님이세요?"

주철이가 조심스럽게 물었다. 남자가 의심스러운 눈초리로 고개를 끄덕였다.

"전 지구 방위대에서 보내서 왔어요. 제 이름은 박주철입니다. 우선 이 잼을 드세요."

주철이가 잼을 내밀었다.

"이게 뭐니?"

"이건 전파를 차단해 주는 약이에요. 이걸 먹으면 고통이 없어질 거예요."

"이 캡슐이 전파를 차단한다고? 그게 사실이냐?"

베르너가 잼과 주철이를 번갈아 쳐다보더니 잼을 입에 넣었다.

"혹시 이곳에 대한민국의 양영욱 교수님이 계신가요?"

"양영욱? 감옥에 있는 그 사람? 상태가 안 좋을 거야. 고문을 당하고도 끝까지 복종하지 않더군. 난 그 사람처럼 견딜 자신이 없어서 결국 이렇게 협조하게 되었지."

"감옥이 어디예요? 양 교수님을 꼭 만나야 해요."

"나랑 같이 가자. 나도 그 사람이 어떻게 됐나 궁금했어."

"교수님, 잠깐만 기다려 주세요. 양 교수님 딸을 데리고 올게요."

주철이는 재빨리 방을 나갔다.

이모틀 엠파이어로 떠나기 전날 밤에 강 교수는 주철이에게 편지를 건네면서 혜지 아빠가 납치되었다고 말했다. 그러면서 혜지 아빠를 꼭 찾아 달라는 부탁과 함께 혜지 아빠를 찾았을 때 혜지에게 편지를 전해 달라고 했다.

베르너는 그 사이 마방진 문제를 풀기 시작했다. 격자 안에 든 9개의 숫자를 모두 더하자 117(5+6+7+12+13+14+19+20+21=117)이었다. 117을 다시 3으로 나누자 39(117÷3=39)가 되었다.

"음, 39가 나오는군."

베르너 교수는 가운데 숫자인 13을 격자 중앙에 써 넣고, 먼저 대각선으로 39를 만들었다. 12와 14가 들어갔다. 그러고는 가장 작은 수 5와 가장 큰 수 21을 가운데 줄의 빈 칸에 넣었다. 그랬더니 역시 합이 39가 되었다. 나머지 빈칸에 6과 20, 7과 19를 모두 채우자 가로, 세로, 대각선의 합이 각각 39가 되었다.

"음, 연속되는 수가 아니어도 마방진이 성립되는군."

베르너는 한숨을 쉬며 3씩 커지는 수로 마방진을 만들어 보았다.

한편 주철이가 2-4호의 방에 돌아왔을 때 세민이는 손에 귀환용 에코를 들고 있었다.

"주철아, 우리 둘이 귀환했다가 에코를 많이 가지고 다시 오면 안 될까?"

세민이가 물었다. 세민이는 이곳에 온 뒤 급격하게 말이 줄고 불안해했다. 주철이가 나가면 구석진 곳에 웅크리고 앉아만 있었다.

"그건 안 돼! 혜지는 어딨어?"

주철이가 다급하게 물었다.

"너 나간 다음 바로 따라 나갔어. 우리만 여기 갇혀서 뭐야?"

홍주는 입을 뾰로통하게 내밀고 투덜거렸다.

"혜지 오면 꼼짝 말고 여기 있으라고 해! 혜지 아빠가 있는 곳을 알아냈어."

"혜지 아빠가 여기에 있다고?"

세민이와 홍주가 놀라서 눈을 동그랗게 떴다.

"하여간 너희는 꼼짝 말고 여기서 혜지를 기다려. 내가 장소를 확실히 알아보고 올게."

주철이는 세민이와 홍주를 안심시키고 2-38호 방으로 달려갔다.

"양 교수 딸은 왜 안 왔지?"

베르너가 주철이에게 물었다.

"잠깐 자리를 비웠어요."

"우리의 움직임을 중앙 통제실에서 지켜보고 있을 거야."

중앙 통로를 걸으며 베르너가 말했다.

"그럼, 우리들이 이곳에 온 것도 알고 있을까요?"

"알고 있겠지. 아마도 너희들이 이곳에 온 목적을 알아내려고 보고만 있을 거야. 그런데 이렇게 위험한 곳에 왜 너희들만 보낸 거지?"

베르너가 걱정스럽게 물었다.

"저희는 TMT라는 공간 이동 기계로 왔어요. TMT로 이동할 수 있는 사람이 저희밖에 없거든요."

"여기선 말을 할 수 있는 복제인간을 조심해야 해."

"그럼 말을 못 하는 괴물도 있나요?"

"대부분 말을 못 하지. 아직 복제 기술이 부족해서 완전한 인간으로 태어날 수는 없는 것 같아. 겉모습만 봐도 괴물 같잖아."

"이곳에 잡혀 온 사람들에게 칩을 삽입한다던데요?"

"잡혀 온 사람뿐 아니야. 괴물들 머리에도 칩이 삽입되어 있어. 셰퍼드(Shepherd)란 기계로 칩이 삽입된 사람의 생각을 읽고, 따르지 않으면 고통을 주지. 그러니까 복종할 수밖에 없는 거야."

"그런데 왜 수학 문제로 문을 열게 하는 거죠?"

"이들은 수학이 완전한 인간이 되게 하는 수단과 방법이라고 생각하고 있어."

주철이가 눈을 동그랗게 뜨고 베르너를 쳐다보았다.

"육체는 비도덕적으로 보완하고 있지만, 지능적인 기능은 스스로 길러야 한다는 것을 이들은 알고 있어. 그래서 수학 문제를 출입문의 비밀 열쇠로 쓰는 거야. 문을 열기 위해 문제를 논리적으로 추리하고 해결하는 과정에서 문제 해결력과 창의력이 길러지고, 이를 통해 생각하는 것이 습관화되면 완전한 인간이 된다고 믿는 거지."

"니콜라 테슬라도 복제되었다던데 어디 있는지 아세요?"

"아마도 가장 접근하기 어려운 곳에 있겠지. 유괴된 아이들도 어딘가 있을 텐데······. 도무지 알 수가 없어."

베르너가 걸음을 멈추고 벽에 있는 노란 버튼을 눌렀다. 벽에 수학 문제가 나타났다.

"방금 괴물이 냈던 문제가 아니네요?"

"괴물들 고생 좀 시키려고 바꿔서 등록했지. 어서 풀어 봐라."

"지금 저보고 문제를 풀라고요?"

"네가 이런 문제를 풀 수 있어야 위험한 상황에서 벗어날 수 있을 거야."

베르너가 한발 뒤로 물러섰다. 주철이는 잠시 망설이다가 배낭에서 공책을 꺼냈다. 쉽게 풀 수 있는 문제가 아니었다.

"저 9개의 숫자로 마방진이 만들어지기는 하나요?"

"중간에 숫자가 빠져 있어도 규칙적으로 배열된다면 마방진이 성립된다는 것을 나도 이번에야 깨달았다."

베르너의 말을 듣고 주철이가 9개의 숫자를 크기순으로 나열했다. 2, 5, 8, 10, 13, 16, 18, 21, 24가 되었다.

"3씩 커지는 규칙 같은데요."

"문제를 자세히 보고 풀어 봐라!"

베르너가 고개를 돌렸다. 주철이는 나열된 숫자들을 다시 살폈다. 그런데 8과 10, 16과 18은 각각 2만큼 차이가 났다. 주철이는 일단 3씩 커지는 숫자들을 괄호로 묶었다. (2, 5, 8), (10, 13, 16), (18, 21, 24)가 되었다.

"이제 알 것 같아요. 3씩 차이가 나는 숫자가 3개씩 세 묶음이고, 묶음 사이의 차이는 2가 돼요."

베르너는 여전히 아무 대꾸도 하지 않았다.

주철이는 9칸짜리 격자를 그렸다. 그리고 각 변의 중앙에 한 칸씩 더 그리고 대각선 방향으로 (2, 5, 8), (10, 13, 16), (18, 21, 24)를 차례대로 써 넣었다.

그리고 격자 밖에 있는 수를 그 줄에서 가장 멀리 떨어진 빈칸에 넣고 더해 보았다. 가로, 세로, 대각선의 합이 모두 39가 되었다.

"이건 어떤 원리지?"

지켜보던 베르너가 물었다.

"이건 가운데 숫자인 10, 13, 16을 격자의 대각선에 들어가게 하고, 가장 큰 수와 작은 수, 2와 24를 가로나 세로의 가운데 줄에 들어가게 하는 방법이에요. 이 방법을 이용하면 가로, 세로가 5칸, 7칸의 마방진도 풀려요."

주철이가 대답하며 답을 입력하자 문이 열렸다.

"수학을 꽤 하는걸? 그건 그렇고 아래층으로 내려갈수록 감시자가 많아. 걸리면 바로 잡혀 갈 거야."

"감시자요? 괴물들은 힘이 없다고……."

"감시자는 진짜 사람들이야. 그들은 이모틀 킹의 부하들인데 사람들을 납치해서 이곳으로 끌고 오지."

엘리베이터가 멈추자 베르너가 먼저 내리고 주철이가 뒤따라 내렸다.

 주철이의 귀에 어렴풋이 '고향의 봄' 노래가 들려왔다. 주철이가 주위를 둘러보았다. 소담스러운 오두막이 몇 채 있고 오두막 근처에는 작은 나무와 풀들이 자라고 있었다.

 "지하에서 어떻게 식물들이 자랄 수 있어요?"

 "여기까지 햇빛이 들어올 수 있도록 설계했겠지. 처음엔 여기서 자란 것들을 어떻게 먹을까 걱정했는데, 먹어 보니 맛도 있고 괜찮더구나."

 "저 풀들을 먹는다고요?"

 주철이가 깜짝 놀라며 베르너를 쳐다보았다.

 "이곳에 있는 사람들은 풀이나 열매를 따서 먹고 있어."

 주철이가 다시 주위를 살폈다. 들꽃과 나무들 사이로 벌들이 날고 있었다.

"저 집이야. 나도 저곳에서 4일 동안 갇혀 있었지."

베르너가 조금 떨어져 있는 작은 오두막을 가리켰다.

"저 집이 감옥이에요? 언제든 탈출할 수 있겠는데요."

"불가능해. 집에서 벗어나면 엄청난 고통을 느끼게 되거든."

베르너가 출입구 문을 밀어 보았지만 꼼짝도 하지 않았다. 문을 두드려도 안에서 아무런 반응이 없었다.

"캡슐이 전파를 차단해 준다고 했지? 그게 사실인지 내가 이모틀 9좌에게 확인해 봐야겠다."

"이모틀 9좌가 누구예요?"

"이곳을 관리하는 괴물을 말해! 이곳은 계급에 따라 옷 색깔도 다르고 하는 일도 다르지."

베르너가 목에 걸고 있던 기계를 들고 파란 버튼을 눌렀다.

"양 교수가 죽었는지 아무런 반응이 없소."

"……."

주철이의 귀에는 아무 말도 들리지 않았지만 베르너는 고개를 끄덕이고는 말했다.

"알겠소. 기다리겠소."

베르너가 기계를 목에 걸며 주철이에게 말했다.

"넌 숨이 있는 게 좋겠다."

"그들은 볼 수 없다면서요?"

"아니야! 이모틀 9좌는 볼 수도 있고, 서툴지만 말도 해. 그리고 칩을 조종하는 기계인 셰퍼드를 가지고 있어."

주철이는 투명 버튼을 누르고 모습을 감추었다.

"흠, 대단한 옷이군."

베르너가 혼잣말을 중얼거렸다.

잠시 뒤 이모틀 9좌가 붉은 옷을 입은 건장한 남자 세 명과 함께 나타났다.

"양 교우수가 주욱었다고?"

이모틀 9좌는 막 말을 배우기 시작하는 어린아이처럼 발음이 서툴렀다. 이모틀 9좌가 출입문의 직사각형 판에 손바닥을 대자 문이 열렸다. 주철이는 잽싸게 지문을 복사하고 그 안으로 따라 들어갔다. 방 안에는 양 교수가 생기 없는 눈으로 바닥에 축 늘어져 있었다. 몸은 앙상하게 말라 있었다.

"주욱었다고? 너언 나를 속여었어!"

이모틀 9좌가 베르너를 보며 소리쳤다.

"아무리 두드려도 문이 열리지 않고……."

베르너가 한 발 뒤로 물러섰다.

"다앙장 네에 방으로 도오라가! 이 자는 오늘 시일험실로 데에러 가야 해."

"실험실은 왜 가는 거지?"

"TMT 고웅간 이이동 바앙법 아알아내야 해."

"TMT 공간 이동 방법을 알아낸다니? 혹시 이 사람의 뇌를 해부라도 하겠다는 거야?"

"그으건 모올라도 돼. 마알이 마안쿤. 너는 고오통을 받아야 해."

이모틀 9좌가 셰퍼드의 빨간 버튼을 눌렀다.

"으윽! 아, 아! 그만해!"

베르너가 괴로워하며 바닥에 뒹굴었다.

"이이제 가자."

이모틀 9좌와 붉은 옷을 입은 남자들이 방에서 나갔다.

주철이가 재빨리 베르너에게 다가갔다.

"교수님! 괜찮……."

베르너가 웃으면서 엄지를 세웠다.

"잼이라는 거 정말 최고야! 이게 꿈은 아니겠지?"

주철이는 양 교수에게 다가가 어깨를 흔들었다.

"교수님, 교수님!"

양 교수는 바닥에 누운 채로 멍하니 다른 곳만 쳐다보고 있었다. 그는 주철이를 알아보지 못했다.

"양 교수님! 혜지를 데려올게요. 잠깐만 기다리세요!"

주철이가 소리치며 밖으로 뛰어나갔다.

"아빠를 찾았다고? 어디 계셔? 빨리 말해!"

혜지가 주철이에게 다그쳤다.

"진정해. 네 아빠를 구하려면 신중해야 해."

혜지가 고개를 끄덕이며 흘러내리는 눈물을 손등으로 닦았다. 주철이는 혜지와 함께 밖으로 나가려다가 뒤돌아섰다.

"너희는 이곳에서 기다려. 교수님을 구해서 여기로 돌아올게."

세민이와 홍주도 말없이 고개를 끄덕였다.

"아빤 괜찮으신 거지?"

혜지의 목소리가 떨렸다. 주철이는 대답 대신 발걸음을 서둘렀다. 주철이와 혜지가 엘리베이터에서 내리자 '고향의 봄'과 '클레멘타인'이 들려왔다.

"저기 저 집이야. 저곳에 베르너 교수님과 함께 계셔."

주철이와 혜지가 오두막으로 들어갔다.

"아빠, 아빠!"

혜지가 양 교수를 보자마자 양 교수의 품으로 뛰어들었다. 그런데 양 교수는 혜지를 알아보지 못하고 두 손으로 밀어냈다. 혜지는 놀라 바닥에 주저앉아 소리내어 울었다.

주철이가 양 교수의 입에 잼을 넣어 주었지만 양 교수는 여전히 멍한 눈으로 창문만 바라보았다. 주철이는 울고 있는 혜지의 손목을 잡고 밖으로 데리고 나왔다.

"강 교수님이 네가 아빨 만나면 이 편지를 전해 주라고 부탁하셨어. 읽어 봐!"

주철이가 혜지에게 편지 봉투를 건넸다. 편지 봉투에는 '혜지에게'라고 적혀 있었다.

편지를 읽은 혜지가 방 안으로 뛰어 들어갔다.

"어사티! 어사티! 어사티……."

혜지가 미친 듯이 양 교수의 어깨를 흔들며 '어사티'를 외쳤다. 갑자기 양 교수가 벌떡 일어났다. 그러더니 혜지를 끌어안았다.

"혜지야! 네가 어떻게……."

"아빠! 아빠!"

혜지가 양 교수의 품에 안겨 엉엉 소리 내어 울었다.

"네가 왜 여기 있어? 이곳은 위험한 곳이야!"

양 교수는 그제야 정신이 들었는지 주변을 살폈다. 그리고 주철이와 눈이 마주쳤다.

"주철이도 왔구나. 너희들이 어떻게 이곳까지……."

양 교수가 주철이의 손을 꼭 잡았다.

옆에서 지켜보던 베르너가 양 교수에게 손을 내밀었다.

"TMT를 개발한 양 교수라고 했지? 자네에겐 정말 미안하네. 어떻게든 자넬 도왔어야 했는데……."

"이제 기억나는군. 수학자라고 했지?"

"베르너라고 하네. 자네가 고통받는 모습을 보고 나는 그들에게 협조하겠다고 해 버렸네. 그땐 두려웠지만 아이들이 여기까지 온 걸 보니까 가만히 있을 수 없네. 이젠 싸울 거야. 게다가 잼을 먹었더니 고통이 사라졌어."

"잼? 그게 뭐지?"

양 교수가 물었다. 베르너가 주철이를 가리켰다.

"이 아이가 준 캡슐이네. 그걸 먹었더니 셰퍼드의 통제권에서 벗어났어."

양 교수의 눈이 휘둥그레졌다.

"나도 잼을 먹은 거니? 그래서 고통이 사라지고, 정신이 돌아온 거구나."

주철이가 다급하게 말했다.

"빨리 여기서 도망쳐야 해요. 그들이 양 교수님을 실험실로 데리고 가서 TMT의 공간 이동 방법을 알아내겠다고 했어요."

"이제 염려할 것 없다. 셰퍼드의 통제권에서 벗어났다면."

양 교수가 침착하게 말을 이었다.

"너희들은 피하는 게 좋겠구나. 난 여기서 놈들의 비밀을 알아봐야겠다."

혜지가 깜짝 놀라서 외쳤다.

"아빠, 그건 안 돼요! 우리도 이곳에 있을 거예요. 우린 그들에게 들키지 않아요, 보세요."

혜지가 투명 버튼을 누르자 모습이 감쪽같이 사라졌다. 양 교수가 놀란 눈으로 두리번거렸다.

"대단하구나. 그렇다면 절대 아무 소리 내지 말고 너희들도 이곳에 있으렴."

"홍주와 세민이도 데리고 올게요."

주철이가 밖으로 나가자 혜지가 따라 나왔다.

"이 편지 말야, 엄마가 언제 주셨어?"

"여기 오기 전날 밤에."

혜지가 주철이에게 눈을 흘겼다.

"근데 나한테 말 안 한 거야? 엄마가 얼마나 힘들었을까……."

"계속 부탁하셨거든. 네가 아빠를 찾지 못하면 절대 주면 안 된다고 하셨어."

혜지는 고개를 끄덕이고는 다시 오두막으로 들어갔다.

"혜지 아빠를 이곳으로 모셔 온다며?"

세민이가 자리에서 일어나며 말했다.

"그곳이 더 안전할 것 같아서 그쪽으로 가기로 했어."

세민이와 홍주의 얼굴에 생기가 돌았다.

아이들이 양 교수가 있는 오두막 근처에 도착했을 때 갑자기 오두막에서 날카로운 혜지의 목소리가 들려왔다.

"안 돼! 아빨 놔 줘!"

주철이와 홍주 그리고 세민이가 오두막으로 들어가려는 찰나 문이 벌컥 열렸다.

"투명 버튼!"

주철이가 두 팔로 홍주와 세민이를 문 뒤쪽으로 밀고 작게 외쳤다. 곧이어 이모틀 9좌가 오두막에서 나왔다. 혜지와 양 교수 그리고 베르너가 경호원들에 의해 끌려 나왔다. 양 교수와 베르너의 얼굴에서 피가 흘러내렸다.

이모틀 9좌가 양 교수와 혜지를 가리키며 경호원들에게 말했다.

"이 두 사람을 빠알리 끄을고 가!"

경호원들이 혜지와 양 교수의 팔을 거칠게 붙잡았다. 혜지가 경호원의 손아귀에서 벗어나려고 발버둥을 쳤다.

"혜지를 놔 줘!"

주철이가 모습을 드러내 이모틀 9좌 앞에 섰다. 이모틀 9좌는 세퍼드의 빨간 버튼을 눌러 댔다. 하지만 칩이 삽입되지 않은 주철이에게는 아무 소용이 없었다. 그러자 경호원이 주철이를 발로 걷어차기 시작했다.

"안 돼! 주철아!"

혜지가 바닥에 쓰러진 주철이를 보며 소리쳤다. 주철이가 필사적으로 일어나 경호원의 얼굴에 주먹을 날렸다. 그러나 다시 경호원의 발에 맞아 그 자리에서 고꾸라지고 말았다.

"홍주야! 세민아! 빨리 쫓아가!"

주철이가 혜지와 양 교수가 끌려가는 곳으로 기어가며 소리쳤다. 순간, 겁에 질린 세민이가 귀환용 에코를 꺼내더니 파란 버튼을 눌렀다.

"안 돼! 세민아!"

주철이가 소리쳤다. 홍주가 급히 세민이 쪽으로 손을 뻗었지만 세민이는 눈 깜짝할 사이에 사라져 버렸다.

"나쁜 놈! 배신자!"

홍주가 허공에 대고 소리쳤다. 홍주는 배신감에 분노가 치밀어 올랐다. 주철이도 다리에 힘이 풀렸다. 양 교수와 혜지는 어디로 끌려갔는지 사라지고 없었다.

"이제 어떡하지? 귀환용 에코는 하나밖에 없는데."

"하나면 돼. 혜지를 찾은 다음 함께 귀환하면 되니까."

주철이가 베르너의 묶인 손을 풀었다.

"너희들 힘으론 저들을 상대할 수 없어. 여기서 조금만 기다려. 친구를 데리고 올게."

"안 돼요! 지금 쫓지 않으면 찾을 수 없어요."

주철이와 홍주, 베르너가 엘리베이터 쪽으로 달려갔다. 두 갈래 길이 나타났다.

"저쪽이야. 저걸 봐. 혜지가 떨어뜨린 게 분명해!"

홍주가 가리키는 곳에는 녹색 캡슐이 떨어져 있었다. 두 아이는 캡슐이 떨어진 통로로 뛰어갔다. 한참을 달려가자 다시 캡슐 두 개가 엘리베이터 앞에 떨어져 있었다.

"이곳에서 엘리베이터를 탔을 거야."

주철이가 엘리베이터 문에 붙어 있는 노란 버튼을 눌렀다. 그러자 수학 문제가 나타났다. 1그램부터 40그램까지의 파란 추에서 6개를 선택하여 1그램부터 63그램까지의 어떤 추가 나타나도 수평을 이루게 하라는 문제였다.

"63그램과 수평이 되려면 40, 20, 3그램을 선택해야겠어."

홍주가 화면 속 3개의 추에 손가락을 댔다. 추의 색깔이 회색으로 변했다.

"추 6개를 선택하랬잖아! 1, 2, 4그램도 선택해 봐."

주철이 말에 홍주가 1, 2, 4그램의 추에 손가락을 댔다. 그 사이 양팔 저울의 추가 63그램에서 17그램으로 바뀌었다. 선택한 6개의 추로는 17그램을 만들 수 없었다.

"4그램은 아니야. 17그램을 선택해야겠어."

홍주가 40, 20, 3, 1, 2, 17그램의 추를 선택했다. 다른 추들은 사라졌다. 양팔 저울에는 다시 14그램 추가 나타났다. 하지만 선택한 추로는 14그램을 만들 수 없었다.

"어떡하지?"

홍주가 발을 동동 굴렀다. 주철이는 뚫어져라 문제를 보더니 공책을 꺼내 표를 그리고 1그램부터 63그램까지를 쓰고 선택한 추로 무게를 맞추어 나갔다. 1, 2, 4, 8그램의 추가 있으면 15그램까지는 수평을 만들 수 있었다. 주철이가 공책에 16그램의 추를 그리는 것을 보고 홍주가 소리쳤다.

"이젠 32그램 추만 있으면 돼! 17그램부터는 지금 선택한 추로 수평을 맞출 수가 있어. 그리고 1, 2, 4, 8, 16, 32그램을 모두 합하면 63그램이 되잖아."

홍주가 6개의 추를 선택했다. 베르너가 고개를 끄덕였다.

"잘 풀었다."

오른쪽 접시에 63그램의 추가 나타났다. 홍주가 1, 2, 4, 8, 16, 32그램 추에 손가락을 대자 추들이 오른쪽 접시로 옮겨 갔다. 그러자 엘리베이터 문이 열렸다.

지하 세상의 식량

　엘리베이터 문이 열리자 주철이와 홍주는 눈이 휘둥그레졌다.
　싱그러운 초록빛 산이 옥빛 호수에 데칼코마니를 찍어 낸 것처럼 비치고, 쏟아져 내리는 햇빛은 푸르른 나뭇잎마다 투명한 유리알처럼 빛났다.
　"세상에, 이런 곳에 이런 세상을……."
　베르너가 할 말을 잊은 듯 중얼거렸다.
　"저길 봐!"
　홍주가 가리키는 곳에는 커다랗고 둥근 물체가 높이 떠 있었다. 둥근 물체는 발갛다 못해 파랗게 타오르고 있었다.
　"저건 인공 태양 같은데……."
　베르너가 말끝을 흐렸다.

"인공 태양요?"

홍주가 베르너에게 물었다.

"저건 방사능이 없는 인공 태양이 분명해. 지하에 이런 환경을 만들려면 열과 빛의 에너지가 필요했겠지."

"방사능이 없다고요?"

주철이가 놀라서 물었다.

"물을 원료로 하기 때문에 가능한 거야. 물에서 얻은 수소 핵을 융합시킨 거지. 한번 만들면 무한정으로 에너지를 공급할 수 있는 꿈의 태양이야. 미국, 중국 등 7개 나라의 과학자들이 공동으로 연구하고 있지. 참, 대한민국에서는 핵융합로를 만들어 성공적으로 실험을 끝냈다지?"

"대한민국 과학자들이오?"

주철이와 홍주가 동시에 외쳤다.

"그래. 인공 태양을 만들 수 있다면 세상은 많이 달라질 거야. 화석 연료나 원자력 에너지와는 비교할 수 없는 친환경 에너지원을 얻는 거거든."

베르너가 세차게 흐르는 개울가로 내려가서 고개를 숙이고 개울물을 마셨다.

"마셔도 괜찮아요?"

홍주가 미심쩍은 얼굴로 물었다.

"이곳 사람들은 개울물을 식수로 이용하고 있어. 너희들도 와서

마셔 보렴."

베르너의 말이 끝나기도 전에 주철이와 홍주도 내려와 개울물을 마셨다.

"만약에 말이야, 만약 혜지를 못 찾아도 돌아갈 거지?"

홍주가 주철이를 쳐다보지도 못하고 작은 목소리로 물었다. 주철이가 홍주를 빤히 쳐다보며 말했다.

"혜지를 이곳에 두고 갈 순 없어. 만약 위험해지면 너 혼자라도 귀환해."

주철이가 배낭에서 귀환용 에코를 꺼냈다.

"아니야! 나도 혜지를 꼭 찾아서 함께 떠날 거야."

홍주가 고개를 저으며 베르너가 서 있는 곳으로 가 버렸다.

주철이도 두렵기는 마찬가지였다. 하지만 혜지와 양 교수를 이곳에 두고 떠날 수는 없었다.

세 사람은 넓은 길로 들어섰다. 호수를 둘러싸고 산과 들이 끝없이 펼쳐졌다.

"여기에도 공기 측정 계기판이 있네."

무심히 던진 홍주의 말에 주철이가 계기판으로 다가갔다. 양 교수가 갇혀 있던 곳에도 똑같은 계기판이 있었다.

"왜 이곳은 산소가 많고 다른 기체의 양은 적어요?"

주철이가 베르너에게 물었다. 계기판에는 산소가 21.01퍼센트였고, 이산화탄소의 양은 상당히 적었다.

"밀폐된 지하에 숲이 많으니 당연히 산소 양이 많겠지."

홍주가 갑자기 바위 뒤로 몸을 숨기며 작게 외쳤다.

"저기 사람들 좀 봐!"

노란 옷을 입은 사람들이 나뭇잎과 열매를 따고 있었다.

"노란 옷을 입은 것을 보니, 이곳 노동자들이 괴물들의 식사를 준비하는 모양이야. 여기선 모두 풀잎과 나무 열매를 먹고 살거든."

"아하! 그래서 이곳에 식량이 들어간 흔적을 찾을 수 없었군요."

세 사람은 사람들의 눈을 피해 언덕을 향해 걸었다. 언덕에 올라서자 시원한 바람이 불어왔다. 산기슭에는 뭉게구름이 떠 있고 푸른 산이 끝없이 펼쳐졌다. 언덕에서 내려다보는 풍경은 지하라고 생각할 수 없을 만큼 완벽한 숲속이었다.

"저기 큰 건물이 있어요. 저게 실험실 아닐까요?"

무성하게 자란 나무들 사이로 녹색 지붕이 보였다.

"글쎄다. 가까이 가 보자."

잠시 뒤 세 사람은 건물에 도착했다. 건물 주변은 쥐 죽은 듯이 조용했다. 홍주와 주철이가 조심스레 창문으로 다가가 살펴보니 뜻밖에도 건물 안에는 수많은 아이들이 있었다. 아이들은 모두 굳은 표정으로 마치 로봇처럼 똑같이 움직이고 있었다. 아이들을 감시하는 사람은 없었다.

그때 갑자기 한 아이가 새파랗게 질려서 쓰러지더니 고통으로 몸부림쳤다.

"나쁜 놈들!"

베르너가 거칠게 욕설을 퍼부었다.

"왜 저러는 거죠?"

"저 고통을 안 겪어 본 사람은 모른다. 전파로 훈련시키는 거란다. 너무 고통스러워서 비명도 못 지르지. 주철이 네가 가진 잼이 몇 개나 되니?"

"모두 합하면 80개 정도 될 거예요."

"턱없이 부족하구나."

"걱정하지 마세요. 아이들을 구하기엔 충분해요."

그때 음악 소리가 울려 퍼졌다. 그러자 아이들이 건물 밖으로 걸어 나왔다. 녹색, 노란색, 파란색……. 서로 다른 색의 옷을 입은 수많은 아이들이 줄을 맞추어 산으로 올라갔다.

"제가 따라가 볼까요?"

주철이가 물었다.

"함께 따라가 보자. 저들은 말을 못해. 이곳에서는 의사소통을 통제하고 있어. 말을 하면 자연스럽게 전파가 전달되어 온몸에 고통이 밀려오지."

"아하! 그래서 경호원들이 말을 안 했군요!"

아이들은 유치원생부터 중학생까지 섞여 있었고, 피부색도 다양했다. 세계 여러 나라에서 가리지 않고 납치해 온 것이 분명했다. 주철이와 홍주는 오메가 슈트의 버튼을 눌러 아이들이 입고 있는 옷과 똑같이 만들어 아이들 틈에 섞였다.

아이들은 산 중턱에서 흐르는 맑은 시냇물을 마셨다. 그리고 산에 있는 풀잎이나 열매를 따 먹었다.

주철이가 한 아이의 뒤를 따랐다. 피부색이 검은 편인 동양 아이였다. 아이는 뭔가 이상하다고 느꼈는지 자꾸 뒤돌아보았다. 세 번째로 눈이 마주쳤을 때 주철이가 살짝 웃었다. 그러자 두려움에 사로잡힌 아이는 빠른 걸음으로 주철이를 피해 자리를 옮겼다. 주철이는 아이의 뒤를 쫓았다. 아이가 풀밭에 주저앉아 숨을 헐떡거리고 있을 때 주철이가 다가가서 말했다.

"도망치지 마. 너희들을 구하려고 왔어. 이 캡슐은 전파를 차단해 주는 약이야. 이 캡슐을 먹으면 고통이 사라질 거야."

아이는 놀라 벌떡 일어서더니 또 달아나려고 했다. 주철이가 아이의 팔을 붙잡았다.

"제발 나를 믿어 봐."

주철이가 다시 잼을 내밀었다. 아이는 잼과 주철이를 번갈아 쳐다보았다.

"시간이 없어. 어서 받아!"

아이는 잠시 망설이더니 주철이의 손에 있는 잼을 집어 들더니 입에 넣었다.

"잠깐만 기다리면 돼. 약효가 퍼지면 말을 해도 고통이 느껴지지 않을 거야."

주철이가 다시 아이의 눈을 쳐다보았다. 아이는 주철이에게서 눈길을 떼지 않았다. 주철이가 다시 녹색 캡슐을 내밀었다.

"이건 밥 대신 먹는 건데 먹으면 힘이 날 거야."

아이는 녹색 캡슐도 입에 넣었다. 그리고 잠시 주변을 살피더니 주철이에게 말을 걸었다.

"넌 어디서 왔어? 그 약을 어떻게 구한 거야? 넌 내 생명의 은인이야. 정말 고마워."

"내 이름은 박주철이야. 대한민국에서 왔어. 넌?"

"나는 발람이야. 인도에서 왔어. 약 하나만 더 줄 수 없니? 내 친구도 여기 있어."

주철이가 잼 하나를 건네며 말했다.

"나도 부탁이 있는데 들어줄래?"

"인도에선 죽었다고 생각한 생명이 살아나면, 그 생명은 살려 준 사람의 것이야. 네가 준 약 때문에 살았으니 나랑 내 친구는 너에게 충성할 거야."

"아니야! 너희를 구하는 건 내 임무야. 지금은 네가 꼭 해 줘야 할 일이 있어."

"뭐든지 말해. 목숨을 걸고 다 할게."

"내가 가진 잼을 아이들에게 하나씩 나눠 주기는 부족해. 그래서 너희들이 먹는 음식에 잼을 녹여서 모든 아이들이 먹게 해 줘. 그럼 다들 고통에서 벗어날 거야."

"그거라면 염려하지 마. 물은 여러 사람이 함께 마시니까."

주철이가 가지고 있던 잼 중 몇 개만 남기고 모두 발람에게 건넸다. 발람은 잼을 조심스럽게 주머니에 넣었다.

"사실 친구와 친구 아버지가 실험실로 끌려갔어. 빨리 찾아내야 하는데 실험실이 어딘지 모르겠어."

"실험실이라면 저 산 아래쪽에 있는 건물일지도 몰라. 그곳엔 감시자들도 많고 출입이 금지된 곳이야."

발람이 호수 건너편에 아스라이 보이는 산을 가리켰다. 그때 음악 소리가 다시 울렸다.

"난 너도 녹색 괴물인 줄 알았어. 언덕을 내려올 땐 괴물 옷을 입고 있었잖아."

"아! 그래서 믿지 못했구나. 그땐 잠시 변장한 거야. 그런데 너희들도 풀이나 열매를 먹고 사니?"

발람이 고개를 끄덕였다.

주철이는 발람과 함께 산을 내려오며 녹색 캡슐 몇 개를 발람에게 내밀었다.

"기운이 없을 때 먹어. 이건 밥 대신 먹는 거야. 하루에 한 알만 먹으면 돼."

캡슐을 받은 발람이 호주머니에서 비닐봉지를 꺼내 내밀었다.

"이게 필요할지도 몰라. 이곳에 있는 사람들은 이걸 꼭 가지고 다녀. 물이 필요할 때가 있을 거야."

주철이가 비닐봉지를 호주머니에 넣었다.

"나도 실험실 찾는 걸 돕고 싶어."

발람이 말했다.

"그건 위험해. 녹색 괴물을 경호하는 이들은 무서운 사람들이야. 만약 도움이 필요하면 다시 찾아올게."

주철이가 서둘러 가다가 뒤를 돌아보았다. 발람은 여전히 그 자리에 서 있었다.

"난 캡슐에 질렸어. 배도 부르지 않고, 맛도 없잖아."

홍주는 풀잎을 뜯어서 맛을 보았다. 주철이도 풀잎을 뜯어 먹어

보았다. 시고, 달콤하고, 매우 쓴 것도 있었다.

"전에는 이 풀잎을 맛있게 먹었는데 왜 이렇게 맛이 없고 먹기가 싫은 거지?"

베르너가 풀잎을 씹다가 뱉어 버리며 말했다.

"맛이 없는 풀잎을 골라 먹은 것 아니예요?"

주철이가 물었다. 베르너가 곰곰이 생각했다.

"아마도 전파로 조종당한 걸 거야. 잼을 먹은 뒤부터는 풀을 먹기가 힘들구나."

"그럼 잼을 먹기 전에는요?"

홍주가 베르너에게 물었다.

"그땐 빵이나 고기보다 풀잎이 좋다고 생각했지."

"그런데 아무 풀잎이나 마구 먹어도 괜찮을까요?"

주철이가 풀잎을 씹다가 베르너에게 물었다.

"이곳에 있는 풀이나 열매는 모두 먹을 수 있는 것들이야. 이런 풀이나 열매로 식량을 대신한다면 얼마나 좋겠니? 농사지을 필요가 없고, 생식을 하니 요리나 연료도 필요 없고. 이곳을 관리하는 자들에겐 안성맞춤이겠지."

"저것 봐! 저것도 먹을 수 있겠는데?"

주철이가 가리키는 나무에는 주먹만 한 열매가 탐스럽게 열려 있었다.

"와! 저건 과일 같아."

홍주가 달려가 열매를 따서 주철이와 베르너에게 건넸다. 열매는 사과보다 더 달고, 바나나처럼 살살 녹았다. 산을 오르자 열매가 훨씬 더 많았다. 주철이는 열매를 따서 배낭에 담았다.

"저길 봐!"

열심히 열매를 따던 홍주가 소리쳤다.

홍주가 가리키는 곳에는 벌들이 윙윙거리고, 커다란 바위 밑에 벌집이 달려 있었다.

"벌들이 달려들 거야. 어서 피해!"

베르너가 놀라 소리쳤다. 하지만 홍주와 주철이는 천천히 벌집으로 다가갔다.

"꿀이야. 이걸 받아서 먹을 거야."

홍주가 기다란 막대로 벌집을 마구 쑤셨다. 주철이가 비닐봉지를 꺼내 아래에 대자 금세 달콤한 꿀이 가득 찼다.

아이들에게 벌들이 새까맣게 붙었지만 오메가 슈트의 보호막을 뚫지는 못했다.

홍주가 먼저 일어섰다.

"됐어. 꿀이 흐르지 않도록 단단히 묶어."

꿀을 맛본 뒤 세 사람은 산을 넘었다. 날이 점점 어두워졌다. 희미하게 빛을 내고 있는 인공 태양을 바라보며 홍주가 물었다.
"사람이 만든 태양인데 밤도 있어요?"

이모틀 엠파이어 안으로 들어온 지 4일째였지만 밤을 맞는 것은 처음이었다. 지금까지는 환한 건물 안에만 갇혀 있어서 날이 어두워지는 것도 모르고 지냈다.

"밤이 있어야 모든 생물들이 튼튼하게 잘 자랄 수 있겠지. 그런데 너흰 춥지 않니?"

"우린 이 옷을 입고 있어서 춥지 않아요. 그래도 잠깐 쉬면서 불을 피워야겠어요."

홍주의 말에 베르너가 물었다.

"어떻게 불을 피운다는 거지?"

"기다려 보세요. 저희가 보여 드릴게요."

홍주와 주철이가 나뭇가지를 주워 모으더니 오메가 슈트를 이용해 불을 피웠다.

홍주가 타오르는 모닥불을 보며 중얼거렸다.

"세민이 자식, 겁난다고 혼자 가 버리다니! 지금쯤 후회하고 있을 거야."

수학을 즐겨라!

　별빛 하나 없는 지하의 밤은 앞이 보이지 않을 정도로 깜깜했다. 세 사람은 불 옆으로 둘러앉았다. 주철이가 낮에 따 두었던 열매를 배낭에서 꺼냈다. 베르너가 열매를 한입 베어 먹자 홍주가 물었다.

　"어떻게 하면 수학을 잘할 수 있어요?"

　베르너가 홍주를 빤히 쳐다보다가 말했다.

　"수학을 잘할 수 있는 방법? 내가 그 방법을 알았다면 세상에서 가장 훌륭한 수학자가 되었겠지."

　"그럼 어떻게 수학 교수님이 되셨어요?"

　"그야 내가 수학을 좋아했고, 선생님들이 수학을 잘한다고 칭찬을 해 주었기 때문이야."

　"어쨌든 교수님은 다른 사람보다 수학에 대해 더 많이 알고 있잖아요."

홍주가 베르너를 쳐다보며 말했다.

"나도 처음부터 수학을 좋아했던 건 아니야. 수학 시간만 되면 '아, 또 수학이구나.' 하는 말이 불쑥 튀어나올 정도로 수학을 싫어했어. 그때 나도 너처럼 선생님께 수학을 잘할 수 있는 방법을 물었지."

"선생님께서 뭐라고 하셨어요?"

주철이가 베르너 가까이 다가와 앉으며 물었다. 베르너가 대답 대신 되물었다.

"그런데 너희들은 왜 수학이 싫으니?"

"그야, 문제를 못 풀면 짜증이 나고……."

홍주와 주철이는 수학이 싫은 이유를 계속 이야기했고, 베르너는 고개를 끄덕이며 "그리고 또?"라고 물었다.

"너희들이 수학을 싫어하는 이유가 4가지로 정리되는구나. 첫째, 문제를 못 풀 때 수학이 지겹고 싫다. 둘째, 문제를 이해하지 못할 때가 많다. 셋째, 복잡한 문제는 자신이 없어 아예 포기해 버린다. 넷째, 선생님이 어렵게 가르쳐 주신다."

베르너가 쪽지를 손에 들고 설명했다.

"첫째는 문제를 못 풀어서 수학이 싫다, 이거지? 난 무작정 수학을 좋아하려고 노력했어. 그랬더니 좋아지더라고."

"에이! 거짓말하지 마세요. 좋아하려고 노력한다고 좋아지나요?

재미가 있어야 좋아지지."

"그렇다면 한 가지 물어보자. 어려운 수학 문제를 네 힘으로 풀었을 때 기분이 어땠니?"

홍주가 대답했다.

"그야 기분이 좋았죠."

"바로 그거야. 수학을 느긋하게 마음껏 즐기는 거야. 풀기 힘든 문제는 그와 비슷한 쉬운 문제를 풀어 본 뒤에 다시 풀어 보는 것도 좋고……."

"아, 맞아요! 비슷한 쉬운 문제를 풀었더니 어려운 문제를 풀 수 있는 힌트가 떠오른 적이 있어요."

주철이의 말에 베르너가 고개를 끄덕이며 말을 이었다.

"수학이란 스스로 문제를 풀어 길을 찾아가는 학문이야. 답은 하나지만 풀이 방법은 다양하지. 나만의 방법으로 답을 찾았을 때야말로 기분이 뿌듯하잖아? 그땐 '내가 풀었다!' 또는 '수학 천재 홍주!'라고 크게 외쳐 봐. 자신감이 생기고 수학이 좋아질 거다."

"그렇게 소리치다가 선생님한테 혼나면요?"

"꼭 소리 내서 외치라는 게 아니야. 두 손을 꽉 마주 잡고 '참, 잘했어!', '내가 정말 대견해!'라고 마음속으로 외치는 거지. 그러다 보면 어려운 문제에 도전하고 싶은 생각이 들고, 막 재밌어지거든."

"그건 쉽네요. 그럼 문제를 이해하지 못할 땐요?"

"그건 말로 들을 때는 쉽지만 실천하기가 어려울 거다."

"말해 보세요. 노력해 볼게요."

홍주가 베르너에게 바짝 다가앉았다.

"이해가 안 될수록 문제를 여러 번 읽는 거야. 읽다 보면 문제의 요점을 알게 되고, 숨어 있던 실마리가 보이지."

"에이! 문제를 푸는데 안 읽어 보겠어요? 그건 말이 안 되잖아요."

"평소에 문제를 몇 번이나 읽니?"

"그야 한 번이나 두 번……."

홍주가 떠올려 보니 문제를 여러 번 읽은 적이 없었다. 문제가 길수록 읽다가 지레 겁먹고 포기해 버렸다.

"수학 문제를 제대로 읽고 이해한다는 건 어려운 거야. 주어진 것은 문제뿐인데 한 번 읽고 문제 뒤에 숨겨진 속뜻이나 실마리를 쉽게 찾을 수 있겠니? 여러 번 읽어야 무엇(조건)을 어떻게(계산 방법)하라는지 알게 되지. 그리고 제시된 조건에 따라 계산하면 문제를 풀 수 있을 거야."

"여러 번 읽기만 하면 어려운 문제가 정말 풀려요?"

주철이가 모닥불에 나뭇가지를 던져 넣으며 물었다.

"그것만으로는 부족하지. 문제에 따라 그림을 그리거나, 중요한 요점을 분석하다 보면 계산 방법을 찾게 되는 경우가 많아. 가장 중요한 건 문제를 풀고 나서, 그와 비슷한 문제를 스스로 만들어 풀어 봐야 확실히 이해할 수 있지."

베르너가 말을 이었다.

"그리고 복잡한 문제는 단순화시켜 규칙을 찾으려고 노력하는 습관이 필요해. 그렇게만 하면 수학이 진짜 재미있어질 거다. 너희들 덕분에 맛있는 과일을 먹었으니 문제를 하나 내마."

"어서 내 보세요."

베르너가 뜸들이자 홍주가 재촉했다.

"1부터 1000까지의 자연수 중에 홀수만 모두 합하면 얼마가 될까?"

"시간이 조금 걸리겠지만 풀 수는 있겠는데요. 1, 3, 5의 순서로 홀수만 차근차근 더하면 답이 나오잖아요?"

주철이가 배낭에서 공책과 펜을 꺼내어 홍주에게 건네주고, 슈트의 버튼을 눌러 불을 밝혔다. 홍주가 공책에 1+3+5+7+……+995+997+999까지를 쓰고 더해 갔다. 베르너는 홍주가 문제를 다 풀 때까지 차분하게 기다렸다. 숫자를 더해 가던 홍주가 갑자기 짜증을 냈다.

"이런 것 말고 재미있는 문제는 없어요? 이건 시간만 잔뜩 걸리지 초등학교 1, 2학년들도 풀 수 있는 거잖아요?"

"그런데 넌 왜 못 푸니? 지금쯤 답이 나왔어야 하지 않니?"

베르너가 말했다.

"이렇게 숫자가 많은데 어떻게 빨리 풀겠어요?"

"내가 수학을 잘할 수 있는 방법이 뭐라고 했지?"

"그거야 수학을 좋아하고, 또 문제를 여러 번 읽고, 복잡한 문제는 단순하게……. 아, 알았다! 그러니까 이 문제를 단순하게 만들라는 말이죠?"

"빙고! 단순하게 만들어 규칙을 찾아야 해. 그래야 그와 비슷한 문제를 척척 풀 수 있게 될 거야."

"클라우드 교수님도 규칙을 찾아야 비슷한 문제를 정확하고, 빠르게 풀 수 있다고 했어요."

주철이가 말했다.

"문제 하나로 끝나 버리는 것은 수학이 아니라 퍼즐이지."

홍주가 다시 계산을 했다. 1, 3, 5, 7, 9를 모두 더하니 25가 나왔다.

"이젠 어떻게 하죠?"

"그거야 네가 스스로 규칙을 찾아야지."

홍주의 공책을 곁눈질하던 베르너가 입을 다물었다. 옆에서 보고 있던 주철이가 거들었다.

"더 단순하게 만들어 봐. 1+3, 1+3+5, 1+3+5+7을 더해 보면 규칙을 찾을 수 있을 것 같은데……."

가만히 듣고 있던 베르너가 물었다.

"주철이 넌, 이 문제를 풀어 보았니?"

"이 문제는 아니지만 1부터 100까지의 합은 풀어 봤어요."

"바로 그거야! 수학은 자신이 알고 있는 모든 시식을 동원해 이 방법 저 방법으로 풀어 보는 것이 중요하지. 그러다 보면 규칙을 찾게 되고, 그 규칙을 다른 문제에 적용할 수 있을 거야."

주철이도 공책을 꺼냈다.

"모두 계산해 봤는데 규칙이 없는 것 같아. 어떻게 해야 규칙을 찾지?"

홍주가 주철이에게 물었다.

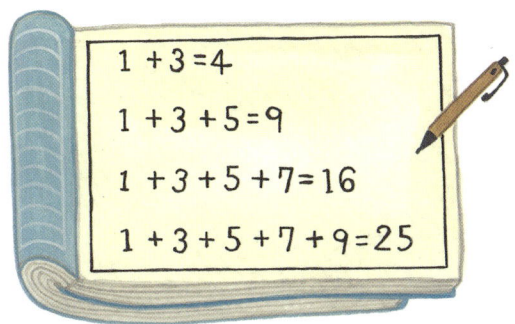

주철이는 홍주가 풀어 놓은 공책을 보았다. 1부터 100까지의 합을 계산하는 방법으로 풀 수 있을 것 같았다.

"1+3+5+7+9에서 1+9=10이지? 3+7=10, 그리고 5만 더하면 25가 되잖아."

"그럼, 맨 처음 수인 1과 마지막 수인 999을 더하면 1000이 되고, 다음은 3+997=1000이 되네. 그럼 1000이 몇 갠지 알면 되는 거네. 그건 어떻게 알 수 있지?"

"음, 잠깐만 기다려 봐."

주철이가 골똘히 생각하고 있을 때 홍주가 제자리에서 뛰면서 소리쳤다.

"찾았다, 찾았어! 이것 봐, 이렇게 쉬운 건데."

홍주가 설명을 했다.

"1+3=4니까 2×2지? 1+3+5=9는 3×3이고, 1+3+5+7=16은 4×4야. 이 4를 찾으려면 (1+7)÷2=4가 나오잖아. 그래서 1+3+……+997+999는 처음 수 1과 끝수인 999를 더한 다음 2로 나누면 500이 나오는 거야. (1+999)÷2=500. 그래서 500×500=250,000이 나와. 와! 정말 신기해."

홍주의 설명을 듣고 있던 베르너가 박수를 쳤다.

"아주 잘했어. 옛 속담에 천재는 열심히 노력하는 사람을 당하지 못하고, 열심히 노력하는 사람은 즐기는 사람을 당하지 못한다는 말이 있단다. 지금처럼 수학을 게임이나 놀이처럼 즐긴다면 넌 최고의 수학자가 될 거야. 참, 주철이는 어떻게 풀려고 했지?"

"전 좀 복잡해요. 1부터 10까지의 자연수를 모두 합할 때는 (첫 항+끝 항)×(전체 항의 수÷2)로 하면 나오는데, 홀수는 항이 반으로 줄어들기 때문에 항의 수를 4로 나누어야 답이 나와요."

"항의 수가 뭔데?"

공책을 한참 동안 들여다보던 홍주가 물었다.

"자연수가 1부터 10까지 있다면 항의 수는 10개야."

"그럼, 그 방법으로 계산해 봐. 답이 뭐야?"

주철이가 공식을 공책에 적으며 계산을 했다.

"(첫 항+끝 항)×(1부터 1000까지의 항의 수÷4)에서 (1+999)×(1000÷4)=1000×250=250,000이 되잖아."

"주철이도 잘 생각해 냈어. 둘 다 풀이 방법은 다르지만 답은 같잖아? 이렇게 공부해야 문제 해결 능력과 창의력이 길러지고, 수학의 본질을 충분히 학습하게 되는 거야."

"모든 수학 문제가 이 문제처럼 규칙이나 원리가 있었으면 금방 풀겠어요."

홍주가 웃으면서 말했다.

"수학은 언제나 원리와 규칙 속에서만 존재하지. 학생들이 원리나 규칙을 찾으려고 노력은 하지 않고 공식만 외워서 풀기 때문에 수학에 흥미를 못 느끼고 어려워하는 거야."

"모든 수학이 그렇다고요? 그럼 더하기, 빼기에도 원리와 규칙이 있어요?"

"있고말고. 더하기, 빼기를 규칙에 따라 계산하면서도 규칙이라는 것을 모를 뿐이야."

주철이가 나뭇가지를 불속에 넣자 모닥불이 다시 타올랐다.

"그리고 마지막이 뭐였더라. 맞아, 선생님! 선생님의 역할이 대단히 중요하지만 이건 나도 모르겠구나. 어려운 문제는 쉽게, 쉬운 문제는 어렵게, 학생들의 수준에 맞춰 풀이 방법을 조절할 수 있는 선생님도 있고, 호기심을 유발시켜 문제를 풀고 싶어 견딜 수가 없게 만드는 선생님도 있겠지. 하지만 선생님이 재미없고 어렵게 가르친다고 해서 수학을 외면하거나 피해서는 안 되겠지?"

"그러면 어떻게 해야 하죠?"

주철이가 물었다.

"선생님의 수업 방식을 따라갈 수도 있겠지만, 자신만의 방법으로 더 노력해야겠지. 수학은 한번 뒤쳐지면 다시 따라가기 어렵거든. 그리고 모든 학생들에게 맞는 방법은 없어. 내겐 맞지 않는 방법이라고 해도 다른 친구에겐 잘 맞을 수도 있겠지."

"어, 날이 벌써 밝았네!"

공중에 떠 있는 인공 태양이 밝은 빛을 비추고, 주변의 나무와 풀들이 서서히 보이기 시작했다.

"자기들이 만든 태양이라고 마음대로 조종하고 있군!"

주철이가 투덜거렸다.

홍주가 수풀을 헤치며 빠르게 걸어갔다.

"역시 이곳은 천국이야. 이 열매들 좀 봐."

홍주가 날쌔게 나무 위로 올라가더니 주위를 살피고 소리쳤다.

"주철아! 저 아래에 돔이 있어!"

주철이도 나무 위로 올라갔다. 푸른색의 둥근 지붕이 보였다.

"지금은 아침이라 경계가 심하지 않을 거야."

세 사람은 서둘러 산을 내려갔다.

호수 옆에 있는 돔은 나무 위에서 볼 때와는 달리 크고 웅장했다. 섬에서 훈련받았던 돔보다 몇 십 배는 더 커 보였다.

"교수님은 여기 숨어 있으세요. 우리 둘이 보고 올게요."
"나 혼자 있으란 말이냐? 그건 싫다."
베르너가 고개를 흔들었다.
"우린 저들을 피할 수 있지만 교수님은 아니잖아요."
홍주도 말렸다. 그때 숲속에서 두 아이가 걸어 나왔다.
"교수님은 염려하지 마. 우리가 함께 있을게."
"발람! 어떻게 네가 여기까지……."
주철이가 놀라서 발람에게 다가갔다.

"네가 준 약이 우리 모두를 살렸어."

발람이 웃으며 말했다.

"아이들에게 약을 먹인 거야?"

"노란 옷을 입은 아저씨들과 아주머니들에게도 줬는걸. 약을 먹은 사람들 모두가 돕겠다고 나서는 걸 말리느라 혼났어. 참, 소개할게. 내 친구 다르마야."

아이들은 서로 인사를 나누었다.

베르너가 발람과 다르마를 쳐다보며 말했다.

"내가 방해가 된다면 너희 둘이 다녀오너라. 대신 몸조심해야 한다."

"염려하지 마세요. 꼭 양 교수님과 혜지를 구해서 돌아올게요."

홍주가 앞장을 서고 주철이가 뒤를 따랐다.

돔 주변은 바람 한 점 불지 않고 고요했다. 홍주와 주철이는 눈에 띄지 않게 돔을 따라 돌면서 입구를 찾았다. 다행히 돔 안으로 들어가는 문은 활짝 열려 있었다.

"이 문으로 들어가야 할 것 같아. 위험할 땐 보호막 버튼 누르는 것, 잊지 마."

주철이가 앞장섰다.

돔 입구로 들어서자 굵은 나무들 사이로 펼쳐진 광경에 두 사람은 걸음을 멈췄다. 오른쪽은 높은 산을 가로질러 막이 있었고, 그 아래로 형형색색의 꽃들이 피어 있는 낮은 산과 언덕이 있었다. 가운데는 잔디가 깔려 있는 넓은 운동장이었다. 운동장의 끝자락에는 커다란 철탑이 보였다. 홍주와 주철이는 오른쪽 절벽에서 시원하

게 쏟아지는 폭포를 보면서 안쪽으로 더 걸어 들어갔다.

"주철아, 여긴 중력이 작은가 봐."

홍주가 겅둥겅둥 걸으며 말했다. 주철이가 제자리에서 뛰자 몸이 높이 솟아올랐다.

"좋았어! 우리 비행하면서 조사하자. 그게 빠르겠어."

주철이가 추진력 버튼을 막 누르려고 할 때였다.

"이모틀 엠파이어에 온 걸 환영한다."

음산하고 소름 돋는 목소리가 쩌렁쩌렁 울렸다. 홍주와 주철이는 두려움에 몸을 움츠렸다.

폭포가 쏟아지는 절벽 앞에 점들이 모여들더니 얼굴이 나타났다. 이모틀 킹이었다.

"귀한 손님이 온다고 태양도 일찍 뜨게 하고 문도 활짝 열어 놓았는데, 마음에 들었는지 모르겠구나. 난 이모틀 킹이다. 이제부터 이모틀 7좌가 너희들을 안내할 것이다."

이모틀 킹은 아이들이 제2돔에 들어왔다는 말을 듣고 깜짝 놀랐다. 제2돔은 자신의 허락 없이는 누구도 들어올 수 없었다. 그런데 아이들이 TMT를 이용해 공간 이동을 했다는 보고를 받고 오히려 기뻐했다. 어쩌면 TMT에 대한 정보를 손쉽게 얻을 수 있을지도 몰랐기 때문이다. 그래서 아이들이 불을 피우는 것을 보고도 그냥 두었다가 인공 태양을 일찍 가동시켜 제3돔으로 유인했다.

"우린 들어가지 않겠다. 양영욱 교수님과 혜지를 보내 주면 바로 이곳을 떠날 것이다."

주철이가 큰 소리로 외쳤다. 그때 절벽 밑 통로에서 뒤뚱거리는 녹색 괴물과 붉은 옷을 입은 경호원들이 우르르 나왔다.

"클린스가 보냈다는 것을 이미 알고 있다. 들어오지 않으면 가만두지 않겠다."

녹색 괴물과 경호원들이 가까이 다가오자 주철이와 홍주가 추진력 버튼을 누르고 공중으로 솟아올랐다. 한 걸음에 2~3미터를 뛰어오던 경호원들이 멈춰 서서 주철이와 홍주를 바라보았다.

"끼일, 낄낄낄. 얼마나 날아다닐 수 있을까? 전기 에너지가 바닥나면 언젠가는 내려와야 할걸."

이모들 킹이 비웃는 소리에도 아랑곳하지 않고 주철이와 홍주는 철탑 바로 옆에 내려섰다. 철탑은 6개의 기둥으로 세워져 있었다. 철탑 안에는 철탑 위로 향하는 나선형 계단이 끝없이 이어져 있었다.

"이 계기판을 봐. 여기도 산소가 더 많아."

철탑 옆에 세워진 계기판을 보고 홍주가 말했다. 계기판에는 산소 21.042퍼센트, 이산화탄소 0.027퍼센트로 나와 있었다.

"아무래도 산소 양이 많은 게 이상해."

이를 수상쩍게 여긴 주철이가 말했다.

"그럼 내가 계기판을 불어 볼게."

홍주가 이산화탄소의 눈금 밑에 있는 둥근판에 입김을 불었다. 0.027이던 이산화탄소의 수치가 0.441로 바뀌었다.

"이산화탄소 경계 경보 발령! 이산화탄소 경계 경보 발령!"

갑자기 경고음이 울렸다. 곧바로 절벽 밑의 통로에서 경호원들이 떼로 몰려나왔다.

홍주와 주철이는 재빨리 철탑으로 날아올랐다. 철탑 중간에는 6개의 기둥을 연결하여 넓은 철판을 깔아 놓은 곳이 있었다. 주철이와 홍주가 철판에 내려섰다.

"이제 어떡하지? 경호원들이 올라오고 있어."

주철이가 철탑 아래를 내려다보았다. 철탑 밑부분의 나선형 계단으로 경호원들이 올라오는 게 보였다.

"내가 경호원들을 맡을 테니 넌 계단을 폭파시켜."

"차라리 이 철탑을 폭파하면 어떨까?"

"그건 안 돼. 이 철탑은 우리가 피하기 가장 좋은 곳이야."

주철이가 배낭에서 꿀이 들어 있는 비닐봉지를 꺼내고 추진력 버튼을 눌렀다. 주철이는 철탑 주위를 날아다니며 꿀을 조금씩 떨어뜨렸다. 철탑 아래에 있는 경호원들이 머리와 얼굴에 묻은 꿀을 닦아 내느라 허둥지둥거렸다.

잠시 뒤 경호원들의 비명 소리가 들렸다.

"악, 벌이다! 벌!"

경호원들은 땅에 쓰러지거나 절벽 밑의 통로 안으로 도망쳤다.

"다시 말하겠다. 양 교수님과 혜지를 보내라. 그러지 않으면 이곳을 폭파하겠다."

주철이가 외쳤다.

"이모틀 4좌는 출동하라! 저 녀석들을 반드시 생포하라."

이모틀 킹은 공중을 날아다니는 아이들을 지켜보았다. 아이들은 독 안에 든 쥐였다. 아이들을 생포하고

강 교수를 납치해 오면 TMT를 제작하는 것은 시간 문제였다.

주철이가 공기 계기판으로 날아가서 붉은 캡슐을 붙였다. 홍주도 계단에 붉은 캡슐을 붙이고 주철이 곁으로 다가왔다.

"공기 계기판도 폭파하려고?"

"한번에 많이 폭파해야 혜지와 양 교수님을 보내 줄 거야. 우린 저 산으로 피하는 게 좋겠어."

주철이와 홍주가 산으로 피했다.

절벽 밑의 통로에서 이모틀 4좌와 둥근 통을 든 경호원들이 몰려나왔다. 이모틀 4좌는 세퍼드를 들고 있었다.

쾅, 우르르 쾅, 쾅!

폭발 소리가 연이어 나더니 철탑이 흔들렸다. 비상 경보음이 울려 퍼졌다.

"어서서 배트넷(Bet-Net)을 펼쳐라!"

이모틀 킹의 찢어지는 목소리가 다급하게 울려 퍼졌다. 경호원들이 둥글게 말린 통을 펼쳤다. 배트넷은 직사각형 모양의 커다란 그물망이었다. 이모틀 4좌가 세퍼드로 배트넷을 조종했다. 배트넷이 공중으로 떠오르더니 홍주를 지나쳐 주철이를 향해 빠르게 날아갔다. 홍주가 더욱 빠르게 날아 주철이의 손을 끌어당겼다.

"주철아, 위험해!"

주철이의 발 아래로 배트넷이 지나갔다. 아찔한 순간이었다.

주철이와 홍주는 방향을 바꾸어 천장 가까이에 있는 철판으로

몸을 피했다. 철탑 윗부분은 철탑 기둥이 가늘어서인지 여러 색깔의 굵은 전선이 밖으로 나와 위쪽으로 뻗어 있었다.

주철이가 아래를 내려다보았다. 배트넷이 철탑을 빙빙 돌며 올라오다가 철탑 모서리에 엉켜 버렸다.

주철이와 홍주는 안전해 보이는 철탑 아래에 내려선 후에야 한숨을 돌렸다.

"정말 아슬아슬했어."

홍주의 심장은 심하게 뛰었다.

"나쁜 자식, 배신자! 혼자 귀환해 버리다니!"

홍주는 다시 세민이를 원망했다.

주철이가 배트넷을 올려다보았다. 배트넷은 철탑에 엉켜서 꿈틀거리고 있었다.

"잠깐! 철탑 꼭대기에 아주 굵은 전선 봤지? 이곳이 전기에 의해 움직인다면 전선은 분명 철탑 기둥 속을 통과해서 전력 통제실로 연결될 거야."

주철이가 철탑 한쪽에 세워진 전력 통제실의 노란 버튼을 눌렀다. 그러자 강철 문에 수학 문제가 나타났다.

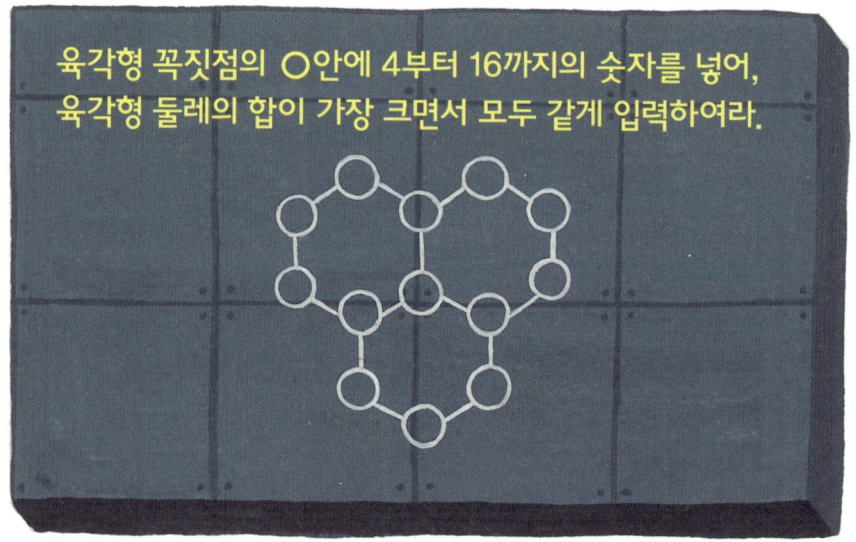

"어떻게 해야 합이 가장 크고 모두 같게 할 수 있지?"

육각형들을 공책에 그리며 주철이가 물었다. 홍주는 머릿속으로 숫자를 늘어놓았다.

"알았다! 이 문제에도 규칙이 있어. 가장 가운데 원은 세 개의 육각형과 이어져 있고, 그 원에서 뻗어 나간 세 개의 원은 두 개의 육각형과 이어져 있으니까 우선 16을 가운데 원에 써 넣어야 가장 큰 수가 돼."

"맞아. 그곳에서 뻗어 나가 다른 육각형과 포개지는 부분이 있는 원에는 15, 14, 13을 써 넣고."

주철이가 16부터 숫자를 써 내려갔다.

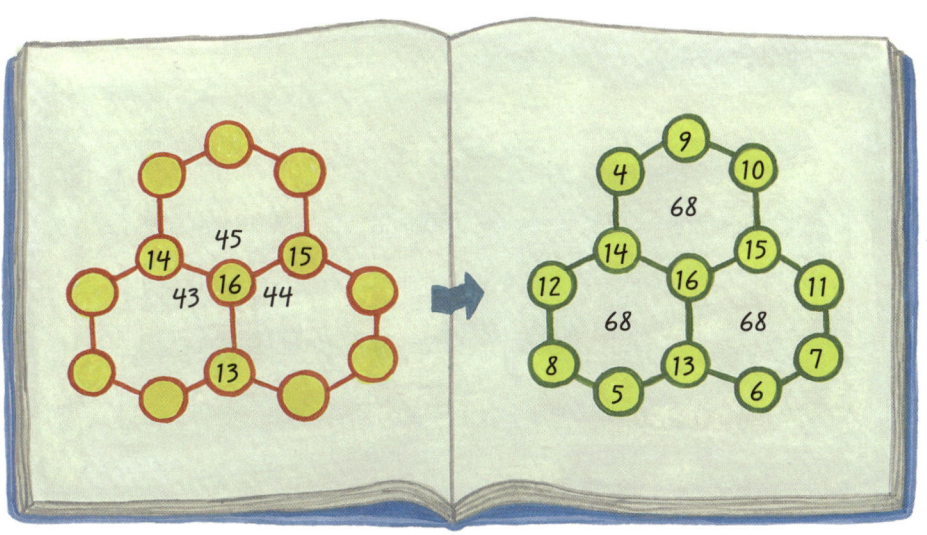

각 육각형 둘레의 수를 더해 보았다. 45, 44, 43이었다. 주철이는 숫자를 계산해 가면서 수들을 써 넣었다. 모든 수가 원 안에 들어

가자 각 육각형 둘레의 합은 모두 68이 되었다.

주철이가 숫자들을 강철 문에 모두 입력했다. 그러자 기계 돌아가는 소리가 나더니 문이 열렸다. 홍주와 주철이가 전력 통제실 안쪽을 들여다보았다. 불이 환하게 켜져 있었고, 아래로 내려가는 넓은 계단이 있었다.

"넌 여기서 망을 봐 줘. 위험하면 문을 세게 두드려. 알았지?"

"그건 걱정 마. 그런데 혼자 가도 괜찮겠어?"

"위험하면 그냥 나올게."

홍주가 고개를 끄덕였다.

주철이가 조심스럽게 계단으로 내려갔다. 입구에는 커다란 현황판이 붙어 있었다.

그때 철문 두드리는 소리가 났다. 주철이는 전력 통제실에서 뛰어 올라갔다. 홍주가 겁에 질린 얼굴로 철탑 위를 보고 있었다.

"무슨 일이야?"

"배트넷이 풀려나려고 해."

배트넷은 마치 덫에 걸린 코브라처럼 요동쳤고, 이모를 4좌는 신경질적으로 셰퍼드를 누르고 있었다.

그 순간 배트넷이 풀려나 출렁이며 홍주와 주철이를 향해 날아왔다. 주철이가 소리쳤다.

"빨리 날아올라. 철탑 꼭대기야."

"알았어!"

주철이와 홍주가 위로 솟구쳐 천장 가까이에 있는 철판에 내려섰다. 다행히 뒤따라오던 배트넷은 방향을 잃고 폭포 앞으로 날아가기 시작했다.

"이 두꺼운 전선들이 전력통제실로 연결되어 있었어?"

홍주가 철탑 기둥을 따라 올라가는 전선을 보고 물었다.

"응, 예상대로."

"그럼 이걸 모두 폭파해 버리면 되겠네?"

"그건 안 돼. 모두 폭파해 버리면 이곳은 암흑으로 변할 거야."

주철이가 철탑 기둥과 노란 전선 사이에 1번 캡슐을 끼워 넣었다.

"그건 무슨 선이야?"

"노란색은 지진파와 열 이동선이었어. 아마 지진과 해일을 일으키

는 전선일 거야. 제1돔과 제2돔 동력선도 폭파해야겠지?"

"전자 조종 폭탄 캡슐을 쓰려고?"

"그래. 혜지와 양 교수님을 보내 주지 않으면 보란 듯이 폭파해 버릴 거야."

전자 조종 폭탄 캡슐은 여러 개를 설치하고 선택해서 폭파할 수 있고, 시간도 마음대로 조종할 수 있었다. 다만 전파로 폭파시키기 때문에 캡슐과의 거리가 너무 멀면 안 되었다.

"이 전선이 폭파되면 우리도 무사하지 못할 거야. 인공 태양도 꺼질 거고, 비행도 할 수 없게 될 거야."

주철이가 5번 캡슐을 빨간 전선에 끼워 넣으면서 말했다.

"폭파한 다음 우린 귀환하면 되잖아."

"나도 그렇게 할 생각이야. 그러니까 절대로 내 옆에서 떨어지면 안 돼."

주철이가 홍주를 보고 웃었다.

"알았어, 걱정 마."

"아니다. 이건 네가 가지고 있어. 만약 내가 잡히면 넌 꼭 귀환해야 하니까."

주철이가 귀환용 에코를 배낭에서 꺼냈다.

"싫어! 난 세민이처럼 혼자서는 귀환 안 해. 앗! 저것 좀 봐! 베르너 교수님이 끌려가고 있어."

아래를 내려다보니 베르너와 발람 그리고 다르마가 손이 묶인 채 녹색 괴물과 경호원들에게 끌려가고 있었다. 녹색 괴물은 손에 총을 들고 있었다. 주철이가 낮게 비행하며 녹색 괴물을 세게 걷어찼다. 녹색 괴물이 쓰러지자 경호원들이 주철이에게 달려들었다.

"꼼짝 마! 쏠 거야!"

홍주가 재빨리 총을 주워 들고 경호원들을 겨냥했다. 총은 방아쇠는 없고 검지가 닿는 곳에 빨간 버튼이 있었다. 경호원이 주철이를 공격하자 홍주가 빨간 버튼을 눌렀다. 경호원 한 명이 비명을 지르며 바닥을 굴렀다. 홍주가 총을 겨루자 다른 경호원은 두 손을 들고 뒷걸음치더니 도망가기 시작했다. 쓰러진 녹색 괴물도 일어나 두 손을 들고 뒤로 물러섰다.

"왜 총소리도 나지 않는데 쓰러지지?"

"그건 전자총이야. 심한 충격만 주는 거지."

베르너가 대답했다. 주철이가 베르너를 풀어 주었다. 쓰러졌던 경호원도 다리를 절뚝거리며 도망쳤다.

"이거 좋은데! 내가 가져야겠어."

홍주가 웃으며 전자총을 옆구리에 차고 폼을 잡았다.

어디선가 '벤(Ben)' 음악 소리가 들려왔다. 주철이가 주위를 두리번거렸다.

"너도 들리지, 음악 소리?"

홍주의 말에 주철이가 고개를 끄덕였다.

돔 입구에서 키가 크고 몸이 깡마른 남자가 노란 옷을 입고 걸어왔다. 발람이 그 남자를 향해 뛰어갔다.

"아저씨! 이곳에 오시면 안 된다고 했잖아요?"

남자는 홍주와 주철이를 번갈아 보더니 발람에게 물었다.

"우리들에게 약을 준 아이가 누구냐?"

"혹시 미정보원 잭인가요?"

주철이가 물었다.

"그래. 내가 잭이야. 그런데 그걸 어떻게 알았지?"

잭은 4년 전에 하이든과 함께 이곳에 잠입했지만 제2돔이 완성된 이후 탈출할 수 없게 되었다.

"우리도 클린스 대통령이 보내서 왔어요."

"뭐? 클린스 대통령이 너희들을 보냈다고?"

잭이 믿을 수 없다는 듯이 홍주와 주철이를 쳐다보았다. 그때 주철이가 파란 캡슐을 건넸다.

"미정보국에서 이걸 주라고 했어요."

잭이 파란 캡슐을 보고 놀라며 주철이에게 물었다.

"아, 이건 활동 명령서야! 다른 말은 없었니?"

"전에 사용했던 통신 장비로 연락해 보세요. 우리가 입고 있는 옷 때문에 쓸 수 있을 거라고 했어요."

잭이 급하게 미정보국과 연락을 취하기 위해 돔 입구를 향해 뛰어나갔다.

그때였다. 두 개의 배트넷이 홍주와 주철이를 덮쳤다.

"홍주야, 위험해!"

주철이가 빠르게 배트넷을 피하며 소리쳤다. 그러나 홍주는 미처 배트넷을 피하지 못했다.

"안 돼!"

주철이가 배트넷을 잡고 늘어졌다. 배트넷은 홍주가 꼼짝하지 못하게 꽉 조이며 날아올랐다.

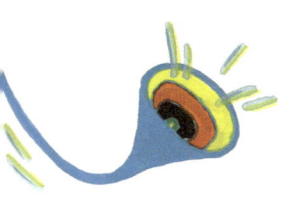

"홍주야, 보호막! 보호막을 쳐!"

주철이는 셰퍼드를 조종하고 있는 이모틀 4좌에게 날아가면서 소리쳤다. 하지만 홍주는 절벽 밑의 통로 속으로 빠르게 사라졌다.

주철이는 방향을 바꾸어 홍주가 사라진 통로 안으로 따라 들어갔다. 안쪽의 넓은 공간은 텅 비어 있었다. 벽은 흰 대리석으로 덮여 있었고, 바닥은 육각형의 호박색 대리석이 깔려 있었다. 문은 보이지 않고, 주철이가 들어왔던 곳만 뚫려 있었다.

'도대체 홍주는 어디로 끌려간 거지?'

갑자기 벽면에 점들이 모이면서 이모틀 킹의 얼굴이 나타났다. 이모틀 킹이 기분 나쁜 미소를 지으며 말했다.

"들어올 때는 네 마음대로지만, 나갈 때는 내 허락이 있어야 한다. 적절한 시간에 들어와 줘서 고맙구나. 널 더 좋은 곳으로 안내하마."

이모틀 킹의 말이 끝나자마자 두껍고 기다란 줄이 나타나 나팔처럼 입을 쩍 벌리고 주철이를 빨아들였다. 주철이는 몸부림쳤지만 나팔 속으로 빨려 들어가고 말았다.

주철이는 좁은 터널을 따라 오랫동안 미끄러져 내려갔다. 주철이가 떨어진 곳은 커다란 화면 앞이었다. 화면에는 미국 대통령 클린스가 심각한 표정으로 앉아 있었고, 그 옆의 화면에는 이모틀 킹이 있었다.

"클린스, 자네가 보낸 선물이네. 어떤가? 이 아이들을 보고도 내 제안을 거절할 건가?"

이모틀 킹은 사막에 태양열 연구 기지와 카본에어(Cabon air) 이착륙장을 마련하기 위해, 아이들을 풀어 주는 대가로 18만 제곱킬로미터의 땅과 강 교수를 보내라고 요구했다.

"아이들을 보내라. 당신의 요구 사항은 협의해 보겠다."

"협의가 아니라 약속을 해야지!"

"티베스티 산맥은 엄연히 차드공화국의 영토야. 내 맘대로 약속할 수 있는 곳이 아니야!"

"홍주는 어딨어? 당장 홍주를 내놔!"

주철이가 얼굴을 붉히며 소리쳤다.

"아! 보고 싶나? 그럼 보여 주지."

수많은 점들이 클린스 대통령이 앉아 있는 화면 옆으로 모여들었다. 화면에는 홍주가 의자에 꽁꽁 묶인 채 풀어 달라고 소리치고 있었다.

"홍주야!"

"주철이? 주철아!"

홍주가 두리번거리자 이모틀 킹이 말했다.

"귀한 손님들이니 서로 마주 보며 말할 수 있도록 해 주마."

이모틀 킹의 말이 끝나자 화면 속의 홍주가 주철이를 보면서 말했다.

"주철아, 너도 붙잡힌 거야?"

"조금만 기다려. 내가 꼭 구해 줄게."

홍주는 눈물이 그렁그렁한 채 고개를 끄덕였다.

"혜지와 양 교수님은 어떻게 했지?"

주철이가 성난 목소리로 다그쳤다.

"급하긴. 안 그래도 보여 주려고 했지. 대통령께서도 꼭 봐야 하니까."

홍주가 나타났던 화면에 다시 점들이 모여들면서 혜지와 양 교수의 모습이 나타났다. 두 사람은 선들이 복잡하게 얽혀 있는 헬멧을 머리에 쓰고 나란히 침대에 누워 있었다. 그 모습을 본 주철이의 눈에 눈물이 고였다.

"혜지야! 이모틀 킹, 지금 무슨 짓을 하고 있는 거야?"

"아주 중요한 작업이 진행되고 있지."

컴퓨터가 양 교수와 혜지의 뇌에서 TMT 정보를 분석해 복사하고 있었다. 복사는 거의 끝나갔다.

"당장 그들을 풀어 줘!"

주철이는 전자 조종 폭탄의 1번 버튼에 시간을 입력했다. 하지만 자신이 철탑에서 얼마나 떨어져 있는지 알 수가 없었다. 일단 시간을 10분에 맞추고 버튼을 눌렀다.

"나쁜 놈! 빨리 아이들을 돌려보내!"

클린스의 얼굴이 분노로 일그러졌다.

"우린 걱정하지 마세요. 우릴 풀어 주지 않으면 지하를 폭파시켜 버릴 거니까요."

주철이가 클린스를 보고 자신만만하게 말했다.

이모틀 킹이 소리 내어 웃었다.

"폭파? 네 마음대로는 안 될걸."

주철이가 화면에 나오는 시계를 가리켰다.

"저 시계가 정확하다면 4분 27초 남았어. 철탑 기둥 하나가 날아갈 거고, 10분 뒤에는 또 하나의 철탑 기둥이 날아갈 거야. 철탑 밑 지하에 굉장한 시설이 있던데."

"뭐야! 네가 철탑 밑의 전력 통제실과 기관 장치실을 알고 있다는 거냐?"

"뭐, 그곳에 들어가는 것은 식은 죽 먹기보다 쉬웠지."

바로 그때 '우르르 꽝' 하며 벼락 치는 소리와 함께 지하 전체가 흔들렸다. 순간 모든 화면에서 영상이 사라졌다. 주철이는 몸을 웅크리고 잠시 마음을 가라앉혔다. 이제는 제1돔과 제2돔의 전선을 폭파할 차례였다. 아직 시간이 있었다.

"고얀 놈! 용서할 수 없다. 또 어디에 폭탄을 설치했지?"

다시 화면에 나타난 이모틀 킹의 목소리가 심하게 떨렸다.

"한번 찾아보시지. 지금 가도 폭탄을 제거하지는 못할걸."

"당장 가서 폭탄을 제거해라! 그러면 인질들을 풀어 주겠다."

이모틀 킹의 말이 끝나자마자 주철이가 앉아 있던 방의 벽이 열렸다. 철탑이 서 있는 돔의 잔디밭이었다.

주철이가 철탑을 향해 날아올랐다. 폭탄이 터진 곳에는 비행접시 4대가 날고 있었고 철판 위에는 경호원들과 녹색 괴물들이 보였다. 주철이가 철탑 중간에 있는 제1돔의 전선 사이에 전자 조종 폭탄 캡슐을 끼워 넣었다.

"폭탄을 어떻게 한 거지?"

이모틀 킹이 말했다.

"시간을 늦추어 놓았어. 어서 홍주와 혜지 그리고 양 교수님을 보내라!"

주철이가 폭포 앞에서 당당하게 소리쳤다.

"그럴 수 없어. 너만 떠날 수 있게 해 주겠다."

"나만? 그러면 모두 폭파해 버리겠다."

주철이가 방금 끼워 넣은 전자 조종 폭탄의 6번 버튼을 눌렀다.

우르르 쾅! 철탑이 다시 한 번 심하게 흔들렸고 철탑에 있던 녹색 괴물들이 괴성을 질러 댔다.

"좋다. 세 사람을 보내 줄 테니 당장 이곳에서 떠나라!"

이모틀 킹은 주철이의 요구를 들어줄 수밖에 없었다. 지하의 모든 곳에 전력을 공급해 주는 주 동력선이 폭파된다면 모든 시스템이 중단되고 지하는 암흑으로 변할 것이었다. 복제한 과학자 테슬라가 복구를 아무리 서두른다고 해도 시간이 얼마나 걸릴 지 알 수 없었다.

그때 잭이 주철이에게 다가왔다.

"혹시 하이든을 찾았니?"

"아직 못 만났어요."

그 순간 절벽 밑의 통로에서 홍주가 날아올라 주철이 옆에 내려섰다.

"기다려 봐. 양 교수님과 혜지도 나올 거야. 아! 저기 나온다."

주철이가 뛰어가 혜지의 손을 잡았다.

"괜찮아?"

주철이가 혜지에게 물었다.

"난 아무 이상 없어. 걱정하지 마."

이모들 킹이 재촉했다.

"어서 떠나지 않고 뭘 꾸물대고 있는 거냐?"

"하이든이라는 사람이 있지? 그 사람도 보내라."

주철이가 소리쳤다.

"하이든? 미정보국 소속 하이든이라면, 그는 첩자 활동을 하다가 지 살했디."

"자살! 셰퍼드를 조종해 자살하게 만든 건 아니고?"

주철이가 외쳤다.

이모틀 킹은 대답이 없었다.

"하이든이 자살했다면 당신이 납치한 모든 사람들과 함께 떠나야겠다."

"맹랑한 녀석이구나. 좋다. 떠나지 않겠다면 너희들을 다시 잡아들이겠다."

"우릴 잡아들이기 전에 이곳이 암흑으로 변할 거야."

주철이는 물러서지 않았다. 하지만 낄낄거리는 이모틀 킹의 웃음소리에 온몸에 소름이 돋았다.

"그렇게는 안 될걸? 네 놈이 숨겨 둔 폭탄을 다 찾아냈다."

주철이가 전자 조종 폭탄의 2번 버튼을 눌렀다. 아무 일도 일어나지 않았다. 다른 버튼들도 눌러 보았지만 주위는 조용하기만 했다. 철탑에는 수많은 경호원들이 전자총을 들고 서 있었다. 게다가 철탑 중간에는 비행접시와 배트넷이 여러 개 떠 있었다.

주철이가 잭에게 물었다.

"우리만 귀환할까요?"

"어떻게 귀환하자는 거냐? 너희들은 공간 이동을 할 수 있지만 양 교수님과 난?"

"우리가 들어왔던 제2돔을 통해서 가면 돼요."

잭이 숨을 깊게 들이마시며 말했다.

"제2돔은 이곳의 마지막 방어막이야. 이모틀 킹이 보내 주지 않을

걸."
"저 경호원들만 없다면 지하에 있는 제2돔의 동력선을 폭파시킬 수 있는데……."
주철이가 전력 통제실을 지키는 경호원들을 보며 말했다.

우주라장으로 변한 이모들의 밤

"경호원들에게 잼을 주면 어떨까요?"

주철이가 잭에게 물었다.

"잼이 얼마나 있지?"

"물에 녹이면 모두 먹일 수 있어요. 그런데 먹으려고 할까요?"

"내가 설득해 보지."

주철이가 비닐봉지를 구하기 위해 발람이 숨어 있는 곳으로 날아갔다. 그곳에는 베르너 혼자 있었다.

"발람은 어디 있어요?"

"널 돕겠다고 나갔다. 사람들을 데리고 올 거야."

갑자기 소란스러운 움직임이 돔 입구에서 들려왔다. 수많은 사람들이 돔 안으로 몰려오고 있었다.

주철이가 곧장 발람에게 날아갔다.

"여긴 위험해. 여자들과 아이들은 산으로 피하는 게 좋겠어."

"나도 그렇게 말했지만 널 돕겠다고 모두 따라왔어."

주철이가 잠시 생각하더니 발람에게 말했다.

"그럼 좋아. 아이들과 여자들은 산에 가서 나뭇가지를 모으라고 해. 그리고 너는 청년들과 같이 가서 비닐봉지에 물을 담아다 줘."

"알았어."

발람이 노란 옷을 입은 청년들과 함께 폭포에서 물을 담아 왔다.

잭이 경호원들 앞에서 외쳤다.

"여러분, 나는 이곳의 식량 보급자였소. 원래는 미정보원이기도 했지요. 내가 이렇게 고통 없이 말할 수 있는 것은 이 약을 먹었기 때문입니다. 이 약을 먹겠다면 전자총을 버리고 나를 따르세요. 이곳은 곧 폭발할 겁니다."

잭이 경호원들을 설득하는 동안 홍주와 주철이는 전력 통제실 입구로 날아갔다.

"경호원들은 저들을 공격하라! 어서 공격하라!"

이모틀 킹의 목소리가 다급하게 울려 퍼졌다. 이모틀 킹은 초조했다. 이미 많은 사람들이 셰퍼드의 통제권에서 벗어나 있었다. 경호원들까지 약을 먹는다면 통제가 불가능할 것이 분명했다.

잭은 더 크게 부르짖었다.

"약을 먹고 나면 고통은 없어집니다. 지금 먹지 않으면 여러분은 영원히 이곳에서 노예로 살아갈 것입니다."

경호원들이 너도나도 전자총을 버리고 잭에게 달려갔다. 셰퍼드의 조종으로 고통스러워하며 쓰러지는 경호원들에게는 잭과 청년들이 뛰어가서 잼을 먹였다.

돔 안은 아수라장이 되었다. 공중에는 배트넷과 비행접시가 수없이 날아다니고, 절벽 밑의 통로에서 녹색 괴물과 경호원들이 쏟아져 나왔다.

우르르 쾅! 쾅! 쾅!

엄청난 폭발음에 온 지하가 흔들렸다.

이모틀 1좌가 이모틀 킹에게 다급하게 말했다.

"제2돔이 파괴되자 클린스가 군사를 태양 에너지 집열판 근처로 이동시키고 있습니다."

"인질들이 이곳에 있는 이상 클린스는 공격 못해."

"그렇지만……"

이모틀 킹은 이모틀 1좌의 말을 잘랐다.

"테슬라는 아직도 고집을 부리고 있나?"

이모틀 킹은 이럴 때를 대비해서 공격용 무기를 만들자고 테슬라를 협박도 하고 달래도 보았지만, 그는 끝까지 말을 듣지 않았다. 이모틀 엠파이어의 모든 시설은 방어용이었다. 전자총이나 배트넷은 반항하는 사람들을 생포하려고 만든 것이고, 비행접시는 고장난 철탑을 수리하기 위한 것이었다.

"여전히 그 상태입니다."

"지하에 있는 기관 장치를 이용할 수는 없나?"

이모틀 킹이 물었다.

"그럼 전력을 높여 돔의 색깔을 바꾸면 어떨까요?"

"그럴 듯하군. 내 말에 따라 전력을 조절해. 그걸 보면 클린스도 속을 거야."

제3돔은 전력을 높이면 금방이라도 폭발할 것처럼 보이도록 색깔을 바꿀 수 있었다.

"클린스와 연결해."

클린스가 화면에 나타났다.

"군사를 이동시킨다고? 이곳의 인질들은 어떻게 할 생각이지?"

"전쟁에서는 희생자가 생기기 마련이야. 우린 공격 준비가 이미 끝났어. 과연 누가 손해를 볼까?"

"공격해 봐! 이곳은 제1돔, 제2돔과는 달라. 방사능도 뚫지 못하게 설계되어 있지. 이곳이 폭파되면 인질들은 어떻게 될지 나도 궁금하군."

이모틀 킹이 자신만만하게 맞섰다.

"그렇게 되면 당신도 그 좁은 돔 안에서 영원히 살아야 할 거야. 우린 그곳을 세상에서 가장 큰 무덤으로 만들 거니까."

클린스의 말을 듣고 사람들이 웅성거리기 시작했다. 혜지는 아빠의 손을 꼭 잡았고, 홍주는 걱정스러운 얼굴로 주철이를 쳐다보았다.

"그럼 넌 너를 위해 싸워 온 사람들을 무덤 속에 넣은 위대한 대통령이 되겠군."

돔 안에는 긴장감이 감돌고 사람들은 겁에 질린 얼굴로 상황을 지켜보았다.

"지금이라도 늦지 않았어. 당신이 납치한 사람들을 모두 내보내! 그러면 공격하지 않겠다."

"그럼 티베스티 산맥 12만 제곱킬로미터는 줄 수 있겠지?"

"안 돼!"

클린스는 차드공화국의 히브리 대통령에게 생물이 살 수 없는 땅 18만 제곱킬로미터를 4년간 빌리는 대가로 이모틀 엠파이어를 쫓아내 주겠다고 약속했다. 그렇지만 제2돔이 사라진 이상 협상은 끝났고 단 1제곱킬로미터의 땅도 줄 수 없었다.

"그럼 이야기가 끝났군. 돔 지하의 기관을 작동시켜!"

이모틀 킹의 명령이 떨어지자 돔 전체가 갑자기 '부웅' 하고 울리며 빨갛게 달아오르기 시작했다. 사람들이 놀라서 우왕좌왕하며 돔 밖으로 빠져나갔다. 소리는 점점 커지고 돔은 파란 빛을 띠기 시작했다. 클린스가 급하게 소리쳤다.

"잠깐! 잠깐 기다려! 그렇게 넓은 땅이 필요한 이유가 뭐지?"

"카본에어(Carbon air)의 이착륙장이 필요해서다."

"카본에어? 탄소 섬유로 비행기를 만들었단 말인가?"

클린스의 눈이 커졌다. 탄소 섬유는 강철보다 강하면서 가볍고, 아주 질기면서도 유연했다. 또 엔진을 대신하는 아주 강력한 추진 장치가 부착되어 있었기 때문에 바다와 육지를 자유롭게 다닐 수 있는 신개념 비행기였다.

"뭘 그렇게 놀라나? 미국도 연구 중이라면서?"

이모틀 킹이 비꼬듯이 말했다.

"비행장으로 12만 제곱킬로미터를 요구하는 건 무리야. 그리고 당신들은 지하에서 생활하고 있잖아!"

"생물이 살 수 없는 땅을 달라는데 그렇게 어려워?"

클린스가 잠시 생각하더니 말을 이었다.

"당신이 원하는 땅을 모두 줄 수는 없지만, 티베스티 산을 중심으로 4만 제곱킬로미터를 주겠다. 어때?"

이모틀 킹이 곧바로 대답했다.

"그럼 두 가지 조건을 더 말하지. 첫째, 이모틀 엠파이어를 독립 국가로 인정할 것, 둘째, 강은혜 교수를 이곳으로 보낼 것. 이 두 가지만 들어준다면 인질들을 모두 보내겠다."

"나도 조건이 있다. 첫째, 지진이나 해일을 일으키지 말 것, 둘째, 납치는 물론 더 이상 사람들에게 칩을 삽입하지 않겠다고 약속할 것."

"그럼 강은혜 교수는 언제 보낼 거지?"

"안 돼! 엄만 절대 안 돼!"

혜지가 소리치며 클린스와 이모틀 킹의 모습이 나타난 화면 앞으로 뛰쳐나갔다.

그때였다. 순식간에 불기둥이 솟구쳤다. 여자들과 아이들이 쌓아 둔 나뭇가지에 주철이가 불을 붙인 것이었다.

갑작스러운 불에 이모틀 킹이 소리쳤다.

"불, 부우울! 부우울! 불 꺼!"

철탑 쪽에서도 세찬 바람 소리가 들려왔다.

"부우우우! 부우우우! 부우우울⋯⋯."

"이산화탄소 경계 경보 발령! 이산화탄소 경계 경보 발령⋯⋯."

경고음이 요란하게 울려 퍼졌다.

철탑 밑에 있던 녹색 괴물들이 소리치면서 경둥경둥 뛰었다. 공기 중에 이산화탄소 양이 많아지자 철탑 위를 지키고 있던 녹색 괴물들도 힘없이 쓰러졌다. 그들의 입에서는 붉은 액체가 흘러나왔다. 이모틀 킹과 클린스의 모습이 화면에서 사라졌다.

잭이 물었다.

"괴물들이 불에 약하다는 것을 어떻게 알았지?"

"공기 계기판에서 이산화탄소의 양이 조정되는 것과 복제 인간들이 모두 생식만 하는 것을 보고 생각했어요."

"출입구는 모두 차단했겠지? 버틸 수 있는 시간은 얼마나 되지?"

이모틀 킹이 이모틀 1좌에게 물었다.

"이산화탄소가 위험 수위에 다다랐습니다. 시간이 없습니다. 빨리 제1아지트로 피해야 합니다."

이모틀 킹은 제1아지트라는 말에 얼굴을 구겼다.

제1아지트는 자신이 복제인간으로 태어난 곳이었다. 하지만 반대 세력들이 자신을 제거하고 더 완벽한 이모틀 킹을 만들어 우두머리로 세울 것이라는 음모를 알아챘다. 그는 은밀히 반대 세력을 없애라고 지시한 후에 사하라 사막에 돔을 만들어 피신했다.

"망설일 시간이 없습니다. 그곳이 가장 안전합니다."

이모틀 킹은 모니터에서 활활 타고 있는 돔 내부와 쓰러진 녹색 괴물들을 보고는 명령을 내렸다.

"이모틀 엠파이어의 제민들은 들어라! 이산화탄소가 위험 수위에 다다랐다. 제1아지트로 이동할 것이다. 모두 카본에어 비행장으로 모여라."

이모틀 킹은 바퀴 없는 자동차 NH4에 올라탔다. 이모틀 1좌가 앞자리에 앉아 버튼을 누르자 NH4는 소리 없이 빠르게 움직였다.

돔 안에 쓰러진 녹색 괴물들의 모습은 끔찍했다. 겉가죽은 흐물흐물하게 녹아서 형체가 없어졌고, 붉은 액체가 흘러나와 바닥에 흥건하게 고였다. 철탑을 지키던 경호원들도 모두 도망치고 없었다.

"본부 안으로 들어가자. 지금 지들을 없애야 돼."

잭이 절벽 밑의 통로를 가리켰다.

"맞소. 저들은 우리와 함께 살아갈 수 없는 괴물들이오."

베르너가 불이 붙은 나무토막을 들었다. 절벽 밑에 뚫려 있던 통로는 단단한 바위로 막혀 있었다. 잭이 몽둥이로 바위를 내리쳤지만 꿈쩍도 하지 않았다.

"비키세요. 제가 폭파할게요."

홍주가 빨간 캡슐로 통로를 폭파했다. 절벽 안쪽에는 위로 올라가는 계단이 있었다. 계단을 오르자 대리석이 깔린 긴 통로가 나타났다. 통로 중간에는 통제실이라고 적힌 커다란 문이 있었다. 잭이 힘껏 밀었지만 문은 열리지 않았다. 주철이가 문에 붙어 있는 노란 버튼을 누르자 수학 문제가 나타났다.

"이건 16칸짜리 마방진 같은데, 어떻게 풀지?"

홍주가 물었다.

"1부터 16까지 수가 연속된다고 생각하고 풀면 될 거야."

주철이가 공책에 16칸의 격자를 그린 다음 대각선으로 줄을 그었다.

"줄이 그어진 대각선 칸은 빼고 달력처럼 숫자를 채워 봐."

혜지가 말했다.

주철이는 대각선을 그은 후에 순서대로 빈 칸에 숫자를 써 내려갔다.

"이젠 대각선의 맨 끝에서부터 거꾸로 빠진 숫자를 빈칸에 써 넣어 봐. 내가 불러 줄게."

혜지가 3부터 빠진 숫자를 차례대로 불렀다.

가로, 세로, 대각선의 합이 모두 60이 되었다. 주철이가 숫자들을 입력하자 문이 열렸다.

넓은 사무실에는 아무도 없었고, 벽면에 붙은 커다란 모니터에는 지금도 불이 활활 타고 있는 돔의 잔디밭이 나타났다. 모니터 건너편에는 커다란 책상이 놓여 있었다. 홍주가 책상 위에 놓여 있는 번호판 중에 1번을 눌렀다. 태양 에너지 집열판과 사막이 모니터에 나타났다. 번호를 누르던 홍주가 소리쳤다.

"저기 괴물들이 있어요!"

모니터에는 녹색 괴물들과 경호원들이 커다란 비행접시에 타고 있는 모습이 보였다. 사람들은 숨을 죽이고 모니터를 지켜보았다. 갑자기 막혀 있던 천장이 열리더니 비행접시는 소리 없이 사라져 버리고 천장은 원래대로 닫혀 버렸다. 안쪽에는 비행접시 한 대가 더 있었다.

"여기 안내도가 있어요."

지하 시설의 평면도였다. 평면도를 훑어보던 주철이가 말했다.

"테슬라의 연구실이야. 그곳에 가 봐야겠어!"

"지금?"

혜지가 주철이를 보고 물었다.

"괴물들도 도망쳤잖아. 지금이 기회야."

주철이가 테슬라의 연구실로 향했다. 복도는 끝이 없었다. 곳곳에 번호표가 붙은 문들이 있었다. 테슬라의 연구실은 단단히 잠겨

있었다.

　홍주가 빨간 캡슐로 문을 폭파했다. 가장 먼저 눈에 띈 것은 많은 기계 장치와 계기판이었다.

　"주철아! 여기에……."

　혜지가 부르는 소리에 주철이가 뛰어갔다. 녹색 괴물이 바닥에 쓰러져 있었다. 녹색 괴물은 간신히 숨을 쉬면서 손가락으로 기다란 통을 가리켰다. 통에는 산소라고 적혀 있었다. 주철이가 통에 달린 마스크를 녹색 괴물의 입에 대며 물었다.

　"테슬라 박사님? 맞으면 고개를 끄덕이세요."

테슬라는 숨을 몰아쉬며 힘겹게 고개를 끄덕였다. 그리고 가까스로 산소마스크를 떼고 말했다.

"알아냈다고 전해. 이산화탄소가…… 아주 값진 자원이라고. 이산화탄소는 열에너지 연료도 되고……, 또……."

테슬라가 말을 잇지 못하자 주철이가 산소마스크를 다시 입에 대 주었다. 테슬라가 힘겹게 호흡을 했다.

"세계 평화를…… 부탁……."

뒤늦게 따라온 베르너가 말했다.

"안 되겠구나. 편안히 잠들게 해 주렴."

주철이가 테슬라의 머리를 바닥에 살며시 내려 놓았다. 테슬라의 입에서도 붉은 물이 흘러나왔다. 테슬라는 죽어 가면서까지 세계 평화를 부탁하는 진정한 평화주의자였다. 자리를 뜨지 못하는 주철이에게 베르너가 말했다.

"어서 가자. 발람이 괴물들이 타고 다니는 자동차를 찾아낸 모양이야."

주철이는 무거운 발걸음으로 베르너의 뒤를 따랐다. 복도 모퉁이 넓은 공간에서 사람들이 바퀴 없는 자동차를 구경하고 있었다. 바퀴 대신 둥근 유리 그릇을 엎어 놓은 것처럼 보이는 발판이 두 개 있고, 핸들은 없었다. 핸들이 있어야 할 자리에는 작은 모니터와 번호판뿐이었다. 모니터 바로 위에는 'NH4'라고 적혀 있었다.

"생각보다 간단하네. 이건 엔진도 없잖아?"

요리조리 살펴보는 혜지에게 베르너가 설명했다.

"전기 자동차겠지. 휘발유로 달리는 엔진을 쓰면 이산화탄소가 배출되어 괴물들이 살 수 없으니까."

홍주가 NH4에 풀쩍 뛰어올랐다.

「행선지를 입력하시오.」

홍주는 마냥 들떠서 번호판의 6번 버튼을 눌렀다. 순간 NH4가 소리 없이 떠오르더니 눈앞에서 사라져 버렸다.

"안 돼! 멈춰! 스톱……."

주철이가 다른 NH4에 올라탔다.

"어서 타세요. 홍주를 빨리 찾아야 해요."

주철이와 혜지 일행은 재빨리 6번 버튼을 눌렀다.

　클린스 대통령은 이모틀 킹과 통신을 계속 시도했다. 이모틀 킹과 통신이 끊긴 지 2시간이 지났다. 티베스티 산맥의 상공과 사하라 사막의 곳곳에는 첨단 무기가 배치되었고, 공군 수색대가 주변을 낮게 비행하며 특수 카메라로 외부와 연결된 통로를 찾고 있었다. 일이 잘못되면 티베스티 산맥은 4시간 안에 산산조각 날 것이 분명했다.

　"사령관, 아직도 소식이 없나?"

　클린스는 초조했다. 선발대가 태양 에너지 집열판을 통해 잠입한 지 40분이 지났다.

　"죄송합니다. 아직……."

　"클린스, 옆방에서 잠시 쉬세요. 지금 새벽 4시입니다."

안절부절 못하는 클린스를 보고 러셀이 말했다. 클린스는 자리를 뜨지 않고 모니터를 지켜보았다. 특수 부대가 태양 에너지의 집열판을 통해 계속 침투하고 있었다. 한참을 지켜보던 클린스가 천천히 옆방의 문을 열고 나갔다.

홍주는 NH4에 앉아서 뒤따라 온 주철이 일행을 보고 소리쳤다.

"저걸 봐! 괴물들이 타고 간 비행접시야."

홍주가 가리키는 곳에는 동체가 둥글고 납작한 비행기가 있었다. 돔에서 녹색 괴물들이 타고 다니던 작은 비행접시와는 달랐다. 동체 밑에는 빨판처럼 생긴 둥근 다리가 4개 있었고, 유리창이나 문은 없었다. 마치 UFO처럼 보였다.

"우리 저걸 타고 탈출할까?"

홍주가 신이 나서 비행기에 다가갔다. 갑자기 비행기 동체 일부가 소리 없이 열리더니 내려왔다. 홍주가 깜짝 놀라 물러서자 내려왔던 부분이 다시 올라가더니 이음새도 없이 동체와 하나가 되었다.

"대단한데! 비행기로 올라가는 트랩이 분명해."

홍주가 다시 비행기 곁으로 다가갔다. 그러자 트랩이 다시 내려왔다. 홍주가 트랩 위에 올라섰다. 트랩이 홍주를 비행기 안으로 올려 주었다.

"와, 이것 좀 봐요! 아주 넓고 근사해요."

홍주가 소리쳤다. 다른 사람들이 모두 비행기에 올랐다. 비행기 내부는 하얀색이었다. 의자에는 산소마스크가 하나씩 달려 있었고, 천장 앞부분에는 초록색 글씨로 'Carbon air'라고 크게 쓰여 있었다.

모니터가 있는 맨 앞자리에 홍주가 앉았다.

「행선지를 입력하시오.」

"우리 이 비행기를 타고 집으로 가요."

홍주가 모니터 앞에 놓여 있는 키보드로 대한민국을 입력했다.

「등록된 장소가 아닙니다.」

홍주가 다시 미국을 쳤다. 미국 밑에는 미국의 여러 지역의 이름이 나타났다. 홍주가 소리쳤다.

"봐요! 백악관도 있어요! 우리 백악관으로 갈까요?"

"그게 좋겠구나. 클린스 대통령이 우릴 기다릴 거다."

양 교수의 말을 듣고 홍주가 백악관을 클릭했다.

「출발 시각을 입력하시오.」

홍주가 현재 시각을 클릭했다.

비행기는 떨림도, 엔진 소리도 없이 하늘을 날기 시작했다. 모니터에는 티베스티 산맥의 모습이 나왔다.

혜지는 양 교수의 손을 꼭 잡고 나란히 앉아 모니터를 바라보았다. 너무나 오랜만에 느껴 보는 행복이었다. 혜지가 양 교수에게 물

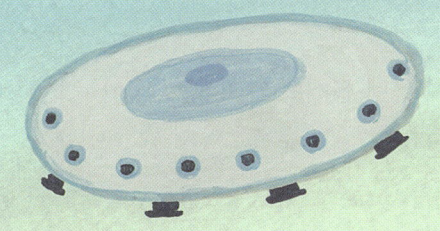

었다.

"아빠, '어사티'가 뭐예요? 엄마, 아빠 연구실에도 '어사티'라고 적힌 액자가 걸려 있잖아요?"

양 교수의 얼굴에 웃음이 가득 떠올랐다.

"뜻도 모르면서 왜 '어사티'를 외쳤니?"

혜지는 주철이가 준 엄마의 편지를 양 교수에게 건넸다.

사랑하는 딸 혜지에게

네가 이 편지를 읽고 있다면 아마도 아빠를 만났겠구나.
엄마는 네 아빠가 납치되었다는 사실을 너에게 숨겨야만 했단다.
네가 아빠를 찾아 헤매다가 잘못될까 봐 두려웠거든.
혜지야, 아빠를 만났는데 아빠에게 무슨 일이 생겼다면
'어사티'를 외치렴. '어사티'가 우리 가족을 이어 줄 거야.
엄마와 아빠가 너를 사랑한다는 사실을 절대 잊지 마라.
너는 우리의 전부야.
네가 이번 일을 무사히 마치고 아빠와 함께 돌아오기를 기도할게.

— 엄마가

편지를 읽은 양 교수의 눈가가 촉촉해졌다.

"네 엄마가 굉장히 힘들었겠구나. 자신이 개발한 TMT로 가장 사랑하는 널 위험한 곳에 보내야 했으니 얼마나 괴로웠을까?"

"전 그것도 모르고……."

혜지가 울먹였다.

"TMT를 개발한 것도 너 때문이었어. 난 힘들어 중간에 TMT 개발을 포기하자고 했지. 그런데 네 엄만 어떠한 어려움이 있어도 사랑하는 너를 위해서 TMT를 완성하겠다고 하더라. 그 말을 듣고 내가 '어떠한, 사랑하는, TMT'의 앞글자를 따서 '어사티'라고 써서 연구실에 붙였지. 그 뒤부터 엄마 아빠 힘들 때마다 '어사티'라는 글자를 보고 힘을 내곤 했단다."

혜지가 양 교수의 어깨에 머리를 기댔다. 그 모습을 바라보던 주철이의 얼굴에 환한 웃음이 번졌다.

"클린스! 아이들이 도착했어요. 어서 일어나세요."

러셀이 기쁜 목소리로 소리쳤다.

클린스가 벌떡 일어나 커튼을 젖혔다. 창문 너머 잔디밭에 둥글고 커다란 비행기가 착륙해 있었다. 비행기 주위에는 많은 사람들이 움직이고 있었다.

"아이들이 타고 온 비행기예요. 특수 소재로 제작되어 레이더에도 잡히지……."

러셀이 말을 맺기도 전에 클린스가 문을 박차고 뛰어 나갔다. 잔디밭에는 앤더슨과 아이들이 이야기를 나누고 있었다.

"앤더슨! 아이들이 돌아온 건가?"

클린스가 소리쳤다.

"네! 그들을 물리치고 왔어요!"

앤더슨은 흥분을 감추지 못했다.

클린스가 홍주, 혜지, 주철이를 와락 끌어안았다.

"고맙고, 정말 장하다."

홍주가 클린스의 품에서 소리쳤다.

"알겠어요, 알겠어! 숨 막혀 죽겠으니 제발 놔 주세요."

클린스가 웃으며 아이들을 놓아 주었다.

"너희들이 해냈구나."

주철이가 말했다.

"아직 납치된 사람들이 그곳에 많아요. 그 사람들을 빨리 구해 주세요."

"그건 염려하지 마라. 우리 특수 부대가 지금쯤 사람들을 구해 냈을 거다."

클린스 대통령은 보좌관을 불러 진행 상황을 꼼꼼하게 확인했다. 그리고 대한민국으로 특별기를 보내 아이들의 부모님을 모셔 오라고 지시하고 앤더슨에게 물었다.

"앤더슨, 아이들이 타고 온 비행기에 대해 알아낸 것이 있나?"

"카본에어는 탄소 섬유로 제작……."

클린스가 앤더슨의 말을 잘랐다.

"저게 카본에어였어? 그럼 연료는?"

"전기입니다. 대기 중의 전기 에너지가 자동으로 충전되면서 계속 날 수 있고, 속력도 음속 이상으로 추측됩니다."

"아이들이 꿈의 비행기를 우리에게 선사했군. 가까이 가서 보세."

클린스의 얼굴에는 웃음이 가득했다.

다시 나타난 이모틀 킹

의사는 아무 이상이 없다고 했지만, 클린스는 아이들이 걱정되어 자주 아이들의 방을 방문했다. 아이들은 피곤했던지 종일 잠만 잤다. 그사이 전 세계 텔레비전에서는 지진과 해일을 물리친 용감한 아이들에 관한 특별 뉴스가 하루 종일 보도되었다.

클린스는 아이들을 깨우지 않으려고 조심스럽게 방문을 열었다.

"안녕하세요."

아이들이 해맑은 얼굴로 인사했다.

"깨어 있었구나. 배고프지 않니?"

클린스가 아이들을 안으려고 다가가자 홍주가 슬금슬금 뒷걸음쳤다.

"싫어요! 또 숨 막히기 싫다고요."

클린스가 껄껄대며 웃었다. 그때 문이 열리더니 러셀과 보좌관이 들어왔다.

"만찬 준비가 끝났습니다. 자리를 옮기시죠."

"알았네. 다른 분들은?"

"모두 기다리시는 중입니다."

"클린스, 납치되었던 사람들을 모두 구출했다고 합니다. 그곳을 어떻게 할까요? 부대장은 폭파시키겠다고 하는데요."

"그건 안 돼요. 그곳이 얼마나 아름다운데요!"

홍주가 말했다.

"그대로 놔두면 안 되나요? 사막을 살릴 방법을 찾을 수 있을지도 몰라요."

혜지도 거들었다.

"그곳의 인공 태양을 연구해 보면 자연에서 어떻게 전기를 얻었는지도 알 수 있을 거예요."

주철이가 구체적으로 설명했다.

"자, 아이들 말을 잘 들었겠지? 그대로 놓아두세."

클린스 대통령은 활짝 웃으며 방을 나갔다.

만찬장에 들어서자 사방에서 카메라 불빛이 터지고, 사람들의 박수 소리가 넓은 공간을 가득 채웠다.

혜지는 앞자리에 앉아 있는 양 교수에게 환한 미소를 보냈다. 주철이도 발람과 다르마, 베르너에게 손을 흔들었다.

클린스가 자리에 앉자 만찬이 시작되었다. 만찬이 한창 무르익어 갈 무렵 보좌관이 심각한 얼굴로 아이들에게 다가왔다. 세 아이들은 놀란 표정으로 보좌관을 따라갔다.

아이들이 들어간 곳은 유리로 칸막이가 된 방이었다. 유리벽 너머에서는 클린스가 모니터 앞에 앉아 있었다.

"클린스, 내 소식이 궁금했겠지?"

모니터에 이모틀 킹의 모습이 나타났다.

"대체 어디로 도망친 거지?"

"그건 자네가 알아보게. 테슬라는 죽었겠지? 그는 이산화탄소에도 무척 약하지만 직사광선에는 더욱 약하지."

"테슬라가 죽어서 자넨 충격이 크겠는걸."

이모틀 킹이 소리 내어 웃었다.

"그는 잘 죽었어. 자신은 평화주의자라면서 내 말을 안 들었거든. 그렇지만 새로 복제한 테슬라는 많이 진화됐지. 게다가 그 친군 평화주의자가 아니어서 나랑 잘 통하지."

"뭐야, 테슬라를 또 복제했다고?"

클린스의 얼굴이 일그러졌다.

"그러니까 내가 요구한 사항을 들어주었으면 해. 지하에서 생활하긴 티베스티 산맥이 최고거든."

"거부한다면 어쩔 거지?"

"낄낄낄! 결국 들어주게 될걸."

클린스도 웃으면서 대꾸했다.

"당신도 직사광선이나 이산화탄소를 잘 피해야 할걸. 지구에 햇볕과 이산화탄소가 없는 곳은 별로 없으니까."

"이런, 이런. 날 찾으시려고? 하지만 힘들 거야."

이모틀 킹이 숨은 제1아지트는 태평양 한쪽 편에 위치하고, 바닷물의 질량과 밀도가 높아 블랙홀과 같은 곳이었다. 카본에어와 같이 탄성이 좋고, 질기며, 초음속으로 빨려 들어가야만 갈 수 있는 곳이었다.

"당신의 행동에 따라 달라지겠지."

"참! 날 괴롭혔던 꼬마 녀석들의 인기가 하늘 높은 줄 모르고 치솟고 있더군."

"하하하! 나도 긴장하고 있어. 나보다 훨씬 능력이 뛰어난 아이들이거든."

"그럼 다음에 다시 연락하지."

이모틀 킹이 화면에서 사라졌다. 클린스도 자리에서 일어섰다. 세 아이들은 다시 보좌관을 따라 만찬장으로 향했다.

"홍주야!"

만찬장 입구에서 홍주의 엄마와 아빠가 홍주를 향해 뛰어왔다. 주철이가 주위를 두리번거렸다.

"주철이! 여기야, 여기!"

"엄마!"

주철이가 사람들 틈에서 엄마를 발견하고 달려가 꼭 껴안았다.

뒤늦게 만찬장으로 들어온 혜지가 주위를 두리번거렸다. 강 교수가 달려와 혜지를 품에 안았다.

"내 딸……!"

양 교수도 뛰어와 두 사람을 양팔로 힘껏 안았다. 세민이는 엄마 손을 잡고 한쪽에 멋쩍게 서 있었다.

사람들이 저마다 기쁨을 나누고 있을 때, 혜지가 주철이에게 다가가 한쪽 눈을 찡긋하고 환하게 웃었다.

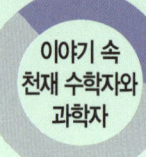

이야기 속
천재 수학자와
과학자

니콜라 테슬라
Nikola Tesla

니콜라 테슬라는 1856년 7월 10일 크로아티아에서 태어났다. 그는 어릴 적부터 과학에 관심을 보여 다섯 살 때 날개 없는 수차를 만들고, 나이아가라 폭포에서 에너지를 얻을 수 있는 방법을 가족들에게 설명할 만큼 과학에 천부적인 소질을 보였다고 한다.

테슬라는 1931년 자동차에 전기 장치를 부착하여 미국 버팔로 시외에서 시험 운행을 했다고 한다. 전기 자동차는 시속 145킬로미터로 달렸고, 달릴 때 소음이 거의 없었다고 한다. 또 1900년 발표한 그의 논문에서는 화석 원료를 계속 사용하면 지구에 재앙이 따른다면서 대체 에너지의 개발을 주장했다.

특히 대기 중에는 전기가 무한정으로 존재하며 이를 아주 값싸게 사용할 수 있다고 주장했다. 또한 아주 작은 전동기를 이용해 지진을 일으켜 주변의 건물이 심하게 흔들려 유리창이 수없이 파손되는 것을 보고 전동기를 망치로 부셔 버린 적도 있었다.

테슬라는 과학자이자 수학자이기도 했다. 뿐만 아니라 훌륭한 음악가이자 시인이기도 했다. 그는 평생 독신으로 살았고, 86세인 1943년 1월 7일 미국 뉴욕의 작은 호텔에서 혼자 숨을 거두었다.

게오르그 알렉산더 픽
Georg Alexander Pick

게오르그 알렉산더 픽은 1859년 8월 10일 오스트리아 빈에서 태어났다. 픽의 부모님은 유대인이었고, 가정에서 부모로부터 교육을 받다가 11살이 되던 해에 컴뮤널 중등학교(9년제) 4학년에 입학했다. 중등학교를 우수한 성적으로 졸업한 뒤 17살의 나이로 비엔나 대학교에 입학했다.

픽은 대학을 다니면서 수학과 물리학을 전공했으며 수많은 논문을 발표했다. 졸업할 무렵에는 수학과 물리학을 가르칠 수 있는 교사 자격증을 받았다.

1880년 4월 16일, 픽은 박사 학위를 받았고 대학교수가 되었다.

픽은 교수 생활을 하면서 67편의 논문을 발표했는데, 그의 수학적 연구는 매우 폭넓었다고 한다. 특히 점판에서 점의 위치와 개수에 따라 다각형의 넓이가 규칙적으로 변한다는 것을 발견했다. 픽의 정리가 발표되자 많은 수학자들이 그 간결성과 우아함에 많은 감탄과 관심을 보였다.

픽은 제2차 세계 대전이 일어나자 유대인이라는 이유로 수용소에 갇혀 1942년 7월 13일 82세의 나이로 세상을 떠났다.

수학적 사고력을 키워주는 수학동화
수학영재들, 지구를 지켜라!

1판 1쇄 발행 | 2012. 10. 11.
1판 14쇄 발행 | 2024. 1. 1.

김성수 글 | 윤지회 그림

발행처 김영사 | **발행인** 고세규
등록번호 제 406-2003-036호
등록일자 1979. 5. 17.
주소 경기도 파주시 문발로 197(우10881)
전화 마케팅부 031-955-3100 | **편집부** 031-955-3113~20 | **팩스** 031-955-3111

ⓒ 2012 김성수 윤지회
이 책의 저작권은 저자에게 있습니다.
저자와 출판사의 허락 없이 내용의 일부를 인용하거나 발췌하는 것을 금합니다.

값은 표지에 있습니다.
ISBN 978-89-349-5957-1 63410

좋은 독자가 좋은 책을 만듭니다. 김영사는 독자 여러분의 이견에 항상 귀 기울이고 있습니다.
전자우편 book@gimmyoung.com | 홈페이지 www.gimmyoungjr.com

어린이제품 안전특별법에 의한 표시사항
제품명 도서 **제조년월일** 2024년 1월 1일 **제조사명** 김영사 **주소** 10881 경기도 파주시 문발로 197
전화번호 031-955-3100 **제조국명** 대한민국 ⚠**주의** 책 모서리에 찍히거나 책장에 베이지 않게 조심하세요.

수학을 좋아하고 잘하는 아이로 키워주는 **수학동화 시리즈**

★베스트셀러

피타고라스 구출작전
김성수 글 | 최영란 그림 | 208쪽 | 11,000원

혜지와 세민, 주철이는 타임머신을 타고 2500년 전 고대 그리스로 날아간다. 그곳에서 철학자이자 수학자인 피타고라스를 만나고, 누군가에게 쫓기고 있는 피타고라스를 돕느라 수많은 위험에 빠진다.

YES 24 이달의 책 선정도서, 2006 경기도 학교도서관사서협의회 권장도서
책읽는교육사회실천회의 추천도서, 2006 책따세 권장도서, 부산시교육청 추천도서
★태국·중국 판권 수출

플라톤 삼각형의 비밀
김성수 글 | 최영란 그림 | 220쪽 | 11,000원

주인공 아이들은 게임기를 만지다가 사라져 버린 친구를 찾아 타임머신을 탄다. 아이들이 도착한 곳은 기원전 4세기 플라톤이 세운 아카데미. 그곳에서 플라톤이 남긴 비밀을 발견하고 이것을 풀기 위해 모험을 시작하는데……

★태국 판권 수출

탈레스 박사와 수학영재들의 미로게임
김성수 글 | 유준재 그림 | 208쪽 | 11,000원

전국의 수학영재들이 비밀스런 섬인 신기도에서 열리는 수학캠프에 참가하면서 벌어지는 흥미진진한 미로게임. 세 명의 주인공은 온갖 어려움을 겪으면서 문제를 풀어나가는데 결승점에 가까워질 무렵, 섬의 비밀이 밝혀지면서 뜻하지 않은 위험한 사건으로 빠져든다.

2006 경기도 학교도서관사서협의회 권장도서, 서울시청 추천도서
★태국 판권 수출